Business As Usual?

Onderzoekschool Maatschappelijke Veiligheid *www.omv.nl*

De Onderzoekschool Maatschappelijke Veiligheid is een samenwerkingsverband tussen de Erasmus Universiteit Rotterdam, het Instituut voor Onderzoek naar Leefwijzen en Verslaving, het Nederlands Studiecentrum Criminaliteit en Rechtshandhaving, de Universiteit Leiden, de Universiteit Twente, de Vrije Universiteit, en het Wetenschappelijk Onderzoek en Documentatiecentrum. De OMV is een door de Koninklijke Nederlandse Akademie van Wetenschappen erkende onderzoekschool.

De OMV verricht onderzoek op het gebied van maatschappelijke veiligheid. Twee deelgebieden, namelijk 'Grondslagen van veiligheid en sociale cohesie' en 'Rechtshandhaving en nieuwe strategieën van misdaadbestrijding', krijgen bijzondere aandacht. Hierbij heeft de OMV tot taak het opleiden van onderzoekers die zowel fundamenteel wetenschappelijk als toegepast empirisch onderzoek op het gebied van maatschappelijke veiligheid kunnen verrichten.

Business As Usual?

De betrokkenheid van ondernemingen bij internationale misdrijven

Deze tekst is op 9 oktober 2009 uitgesproken als inaugurele rede bij de aanvaarding van het ambt van hoogleraar Criminologie aan de Vrije Universiteit Amsterdam

door

prof. dr. mr. Wim Huisman

Eleven International Publishing
The Hague
2010

Published, sold and distributed by Eleven International Publishing
P.O. Box 85576
2508 CG The Hague
The Netherlands
Tel.: +31 70 33 070 33
Fax: +31 70 33 070 30
Website: www.elevenpub.com

Cover design: Primo!Studio, Delft
Layout: Textcetera, Den Haag

ISBN 978-90-8974-348-0
NUR 824

Inhoud

1. Introductie

In juni 2009 kwam Shell tot een schikking in een rechtszaak die was aangespannen door de nabestaanden van wijlen Ken Saro-Wiwa, winnaar van de Nobelprijs voor de Vrede, en enkele andere activisten van het Ogonivolk in Nigeria. De klagers beschuldigden Shell van medeplichtigheid aan misdrijven tegen de menselijkheid die door de Nigeriaanse overheid zouden zijn gepleegd bij het onderdrukken van vreedzame protesten tegen de milieuverontreiniging en de corruptie die gepaard gaan met de oliewinning. Shell zou assistentie hebben verleend aan politie en legereenheden, zou hebben betaald voor hun optreden en zou hebben geprofiteerd van het ter dood brengen van Saro-Wiwa en acht medestanders. Het bedrijf benadrukte dat het betalen van 15,5 miljoen Amerikaanse dollar aan de nabestaanden geen schuldbekentenis is, maar een humanitair gebaar.

In deze oratie richt ik me op de betrokkenheid van ondernemingen bij de meest ernstige mensenrechtenschendingen: genocide, misdrijven tegen de menselijkheid en oorlogsmisdrijven. Deze gedragingen zijn gecriminaliseerd door de internationale gemeenschap in verdragen en statuten en worden daarom ook wel aangeduid als internationale misdrijven.

Naast de Shell-zaak zijn er meer gevallen waarin ondernemingen worden beschuldigd van betrokkenheid bij internationale misdrijven. Net als Shell schikte het Amerikaanse energiebedrijf Unocal in een zaak waarin het bedrijf profiteerde van de hardhandige wijze waarop de militaire junta van Birma haar deel van het contract voor de bouw van een pijpleiding voor export van gas nakwam. Door marteling, verkrachting, moord en vernietiging van huizen, gewassen en vee werden mensen gedwongen het geplande traject te verlaten en met behulp van slavenarbeid werd de pijplijn gebouwd. In Australië liep een strafrechtelijk onderzoek tegen het mijnbouwbedrijf Anvil wegens medeplichtigheid aan oorlogsmisdrijven die door het Congolese leger werden gepleegd bij het onderdrukken van een lokale opstand, waarbij het bedrijf logistieke ondersteuning verleende door het verschaffen van luchttransport aan de soldaten en het uitlenen van bedrijfswagens. Bij de operatie werden bijna honderd burgers gedood, onder wie veel vrouwen en kinderen. Het Canadese oliebedrijf Talisman is aangeklaagd voor het verschaffen van logistieke steun aan het Soedanese leger, onder andere door het laten gebruiken van zijn landingsstrook door gevechtsvliegtuigen bij het bombarderen van bij olievelden gesitueerde dorpen.

In geen van deze rechtszaken is het tot een veroordeling van het bedrijf gekomen. Er is zelfs nog nooit een onderneming door een rechter aansprakelijk gesteld voor haar betrokkenheid bij internationale misdrijven. Toch ga ik in deze oratie veel zeggen over ondernemingen en hun betrokkenheid bij internationale misdrijven. Dat doe ik op basis van beschuldigingen en verdachtmakingen zonder rechtelijke veroordeling. Dit roept de fundamentele vraag op of ik dat wel mag doen. We zitten hiermee midden in een oud maar nog zeer actueel debat tussen criminologen en juristen.

Teneinde *normatieve* vragen te kunnen beantwoorden over de gepaste en wenselijke juridische of andere maatregelen tegen de betrokkenheid van ondernemingen bij internationale misdrijven, tracht ik eerst enkele *empirische* vragen te beantwoorden over omvang, aard en oorzaken van deze betrokkenheid. Oftewel, wat weten wie hier nu eigenlijk over?
In deze oratie bespreek ik eerst hoe vaak ondernemingen betrokken zijn bij internationale misdrijven. Daarna probeer ik vast te stellen op welke wijzen zij hierbij betrokken zijn. Vervolgens zal ik zoeken naar mogelijke oorzaken daarvan. Daartoe inventariseer ik in de eerste plaats welke risico's verbonden zijn met specifieke bedrijfstakken. In de tweede plaats tracht ik kenmerken van de individuele bedrijven te identificeren die een verklaring kunnen bieden voor hun betrokkenheid bij internationale misdrijven. In de derde plaats bespreek ik de verschillende legitimaties die de bedrijven zelf geven voor deze betrokkenheid. In de vierde plaats kijk ik naar de verschillende rollen die overheden kunnen spelen. Ten slotte ga ik na welke mogelijkheden er zijn om deze bijzondere en ernstige vorm van organisatiecriminaliteit aan te pakken.

2. Prevalentie van betrokkenheid

Om een indruk te krijgen van de *omvang* van deze problematiek heb ik samen met Annika van Baar getracht alle gevallen te verzamelen waarin multinationale ondernemingen beschuldigd zijn van betrokkenheid bij internationale misdrijven. Uiteindelijk hebben we 70 ondernemingen gevonden. Is dit veel? Die vraag is moeilijk te beantwoorden.

Allereerst zal er een onbekend aantal gevallen zijn dat we niet kennen, wat criminologen het *dark number* noemen. Dit is vermoedelijk extra groot, omdat er niet zoiets is als een internationale politie die het gedrag van bedrijven controleert en daarover betrouwbare cijfers produceert. Ik kom hier nog op terug.

Verder zijn vrijwel alle zaken aangekaart door mensenrechtenorganisaties en andere NGO's. Hoewel veel NGO's er bekend om staan gedegen feitenonderzoek te doen – en VN-organisaties hun bevindingen daarom niet zelden overnemen – moet worden opgepast voor vooringenomenheid. Een NGO streeft doorgaans een ideëel of politiek belang na, wat betekent dat feiten mogelijk anders worden geïnterpreteerd dan in wetenschappelijk onderzoek. Bovendien is de selectie van doelwitten door NGO's allerminst willekeurig: doorgaans westerse bedrijven, beursgenoteerd en gericht op consumentenmarkten en dus gevoelig voor hun reputatie.

Hoewel we dus niet kunnen vaststellen of alle individuele beschuldigingen juist zijn, laat onze inventarisatie wel zien dat het hier om een meer dan incidentele problematiek gaat.

3. De aard van betrokkenheid

Ondernemingen kunnen op diverse *manieren* betrokken raken bij internationale misdrijven. Om te beginnen kunnen werknemers zelf fysieke daders zijn. Een voorbeeld is het doden van onschuldige burgers door medewerkers van private militaire bedrijven, waaraan medewerkers van het Amerikaanse Blackwater zich in Irak schuldig zouden hebben gemaakt en op grond waarvan het bedrijf is aangeklaagd voor het plegen van oorlogsmisdrijven.

In de meeste gevallen zijn ondernemingen echter betrokken bij de misdaden die door *anderen* worden gepleegd, zoals politie, inlichtingendiensten of legereenheden. Die betrokkenheid kan verschillende vormen aannemen.
Ten eerste kunnen bedrijven het plegen van internationale misdrijven *mogelijk maken*, bijvoorbeeld door logistieke ondersteuning bij de uitvoering, zoals het hierboven genoemde Anvil in Congo en Talisman in Soedan. Maar ook door het leveren van goederen of diensten die voor het plegen van internationale misdrijven worden gebruikt, zoals wapens en chemicaliën of zelfs computers. Ook als afnemer van bijvoorbeeld olie of tropisch hardhout kunnen ondernemingen bijdragen aan internationale misdrijven, bijvoorbeeld wanneer met de opbrengsten een burgeroorlog wordt gefinancierd.
Ten tweede kunnen bedrijven *profiteren* van door anderen gepleegde mensenrechtenschendingen, bijvoorbeeld van de gewelddadige onderdrukking van protesten tegen de activiteiten van een onderneming, zoals in de casus tegen Shell in Nigeria. Maar bedrijven profiteren natuurlijk ook door het leveren of afnemen van goederen waarmee internationale misdrijven worden gefaciliteerd.

4. Risicovolle branches

Risico's voor bedrijven om betrokken te raken hangen samen met de aard van de afgenomen of geleverde goederen, diensten en kapitaal. Risico's verschillen daarmee per branche. Sommige bedrijfstakken zijn oververtegenwoordigd.

Extractive industries

Een belangrijke categorie vormen bedrijven die zich bezighouden met de winning van natuurlijke hulpbronnen, de zogenaamde *extractive industries*. Tot deze hulpbronnen worden delfstoffen gerekend (fossiele brandstoffen, ertsen en edelstenen), maar soms ook producten van land-, tuin- en bosbouw, zoals tropisch hardhout, rubber en cacao. Internationale organisaties als de VN veronderstellen een sterke relatie tussen het bestaan van een gewapend conflict en de aanwezigheid van natuurlijke hulpbronnen in een land. Zij veronderstellen ook causaliteit: niet zozeer politieke of ideologische motieven zouden ten grondslag liggen aan de gewapende conflicten, maar de wens tot controle van de handel in de natuurlijke rijkdommen.

De relatie tussen de aanwezigheid van natuurlijke hulpbronnen en gewapend conflict betekent nog niet dat er daarmee ook een verband bestaat tussen *de ondernemingen* die de hulpbronnen exploiteren en de internationale misdrijven die door de strijdende partijen worden gepleegd. Dit verband wordt echter wel vaak gelegd. Een door de VN-Veiligheidsraad ingesteld Panel van Experts stelde bijvoorbeeld vast dat 157 ondernemingen direct of indirect bij de illegale exploitatie van natuurlijke rijkdommen in Congo betrokken zijn en dat zij daarmee de aankoop van wapens mogelijk maakten, alsmede het plegen van oorlogsmisdrijven en misdrijven tegen de menselijkheid. De mate waarin ondernemingen betrokken zijn bij misdrijven die worden gepleegd bij de winning van natuurlijke hulpbronnen hangt ervan af of zij zelf *rechtstreeks* betrokken zijn bij die exploitatie. Hierbij kan een onderscheid worden gemaakt tussen hulpbronnen waarvan de winning kapitaalintensief is en hulpbronnen waarvan de winning kapitaalextensief is. Kapitaalintensief zijn die hulpbronnen waarvoor de winning, het transport en de verwerking tot eindproduct complexe techniek en logistiek vragen en waarvoor dus aanzienlijke investeringen nodig zijn. Voorbeelden hiervan zijn ruwe olie en ertsen. Kapitaalextensief zijn die natuurlijke rijkdommen die met eenvoudiger middelen kunnen worden verkregen en getransporteerd, zoals edelstenen.

Het zijn vooral ondernemingen die *kapitaalintensieve* hulpbronnen exploiteren die worden beschuldigd van internationale misdrijven. Zij zullen immers zelf ter plaatse moeten zijn om de hulpbronnen uit de grond te halen en komen zo rechtstreeks in contact met de daders van de misdrijven. Voorbeelden zijn Unocal in Birma, Anvil in Congo en Talisman in Sudan.

De winning van edelstenen daarentegen is vaak kapitaalextensief, want deze zijn met eenvoudiger middelen te vinden en makkelijker te vervoeren. Het bekendste voorbeeld van edelstenen die in verband worden gebracht met internationale misdrijven zijn uiteraard de zogenoemde 'bloeddiamanten'. Het feit dat producten gemakkelijker worden gewonnen en vervoerd betekent dat buitenlandse ondernemingen die ze opkopen op een grotere afstand kunnen blijven. Daardoor worden zij wellicht minder snel beschuldigd van betrokkenheid bij de mensenrechtenschendingen die met de productie zijn verbonden.

De risico's van de extractive industries om betrokken te raken bij internationale misdrijven hangen dus samen met de plaats waar die veelal wordt gevonden: conflictgebieden. Daarnaast zijn het de kenmerken van de hulpbronnen die mogelijk leiden tot een risico op het ontstaan of voortduren van gewapende conflicten waarin internationale misdrijven worden gepleegd.

Wapenleveranciers

Een tweede risicovolle sector is de wapenindustrie. Niet elke wapenleverantie leidt tot mensenrechtenschendingen, maar daarvan is wel sprake wanneer deze wapens worden ingezet tegen de burgerbevolking.

Opvallend genoeg zijn het niet alleen wapenproducenten die worden beschuldigd van het leveren van wapens aan foute regimes, maar ook verschillende bedrijven uit de extractive industries. Hun leveringen dienden als smeerolie om concessies te krijgen voor de winning van natuurlijke hulpbronnen. Zo heeft het Zuid-Koreaanse Daewoo militair materieel geleverd aan de militaire junta van Birma in ruil voor het krijgen van een lucratief contract voor de exploitatie van een recent ontdekt aardgasveld.

Andere sectoren

In de Engelstalige versie van deze oratie bespreek ik nog meer bedrijfstakken die in verband zijn gebracht met internationale misdrijven, zoals de private militaire industrie en de chemische industrie. Verder zijn er producten waarvan de link met mensenrechtenschendingen minder voor de hand ligt, maar die daartoe desalniettemin worden aangewend. Opvallend is dat het Amerikaanse IT-concern IBM tweemaal is beschuldigd van het leveren van technologie die de uitvoering van systematische rassendiscriminatie mogelijk maakte. Voor nazi-Duitsland was dit in de vorm van Hollerith-ponskaarten en -leesmachines, waarmee de administratie van de Holocaust werd gevoerd. Tijdens het apartheidsregime in Zuid-Afrika leverde IBM opnieuw de middelen, namelijk computers en speciaal ontwikkelde software om de rassenscheiding – en daarmee een misdrijf tegen de menselijkheid – geautomatiseerd uit te voeren.

Wanneer het risico direct of indirect verbonden is met de grondstof of het product hangt de verklaring van de betrokkenheid dus samen met de kenmerken van de betreffende bedrijfstak. Dit past in de lijn van *eerder criminologisch onderzoek* waaruit bleek dat aan bedrijfstakken specifieke risico's voor organisatiecriminaliteit verbonden kunnen zijn. Dit geldt níet voor bedrijven in bedrijfstakken als technologie en kapitaalverstrekking. Wanneer uit de branche geen specifieke risico's zijn af te leiden, zit de oorzaak van betrokkenheid bij internationale misdrijven kennelijk meer in de aard van de onderneming of haar leidinggevenden. Opvallend is het voorbeeld van IBM dat twee keer met 's werelds meest verfoeide regimes in zee ging. Omgekeerd is het niet zo dat van de branches met criminogene risico's alle ondernemingen betrokken zijn bij internationale misdrijven. Voor een verklaring van de verschillen in betrokkenheid moet toekomstig onderzoek ook kijken naar de particuliere kenmerken van ondernemingen.

5. Criminogene organisatiekenmerken

Volgens Chrisje Brants zijn er belangrijke overeenkomsten te vinden in de verklaring van internationale misdrijven en die van organisatiecriminaliteit. Deze zijn onder andere gelegen in de bureaucratische aard van organisaties en het nastreven van organisatiedoelen waarin door arbeidsdeling werknemers niet verder hoeven te kijken dan hun neus lang is, managers vooral gericht zijn op het behalen van opgelegde targets en schade verdwijnt achter kosten- en batencalculaties. Daadwerkelijk slachtofferschap verdwijnt uit het zicht door de afstand tussen het handelen of nalaten van bestuurders en de uiteindelijke consequenties daarvan.

Winstmaximalisatie

Een voortdurend debat tussen organisatiecriminologen betreft de vraag of ondernemingscriminaliteit het onvermijdelijke gevolg is van kapitalisme. Dat niet elk bedrijf misdrijven pleegt komt door de barrières die in ontwikkelde geïndustrialiseerde landen zijn opgeworpen in de vorm van regelgeving, controle en sanctionering. Door globalisering zouden ondernemingen echter aan deze controle kunnen ontsnappen. In de Derde Wereld, waar de controle ontbreekt, zou het kapitalisme zijn ware gezicht laten zien met uitbuiting van werknemers, ernstige milieuverontreiniging, systematische corruptie en dus zelfs het profiteren van onderdrukking en oorlog. In sommige van de door mij bestuurde casussen lijken aantrekkelijke winstkansen inderdaad de verklaring waarom bedrijven bewust of minder bewust het risico namen betrokken te raken bij internationale misdrijven. Hoe kunnen we anders verklaren dat Daewoo een contract aangaat voor de exploitatie van een gasveld en de bouw van een pijplijn in Birma, terwijl het bedrijf weet dat eerder bij een vrijwel gelijke deal met Unocal ernstige mensenrechtenschendingen zijn gepleegd?

Conflict en dictatuur betekenen naast kosten voor veiligheid en corruptie ook kansen: vraag naar buitenlands kapitaal, naar wapens en naar andere strategische goederen. De risico's zorgen bovendien voor een prijsverhoging. Dat geldt in het bijzonder bij een internationale handelsboycot, zoals destijds tegen Zuid-Afrika. De gemiddelde opbrengst van investeringen in Zuid-Afrika was daardoor een veelvoud van die in andere landen.

Verliesminimalisatie

Toch lijkt in veel gevallen niet zozeer de verleiding van de winst, maar angst voor het verlies van reeds gemaakte investeringen de belangrijkste reden om betrokken te raken bij internationale misdrijven. Daarbij zien we bovendien dat de risico's en de mogelijke kosten van die betrokkenheid te laag worden ingeschat. Het lijkt er dus op dat de angst voor verlies van investeringen de uitkomst van risicoanalyses beïnvloedt.

Het best gedocumenteerde voorbeeld is het besluit van, wederom, Shell om in Zuid-Afrika te blijven. De oliebelangen van het bedrijf waren daar aanzienlijk, maar door alle acties tegen het bedrijf betaalde het ook een stevige 'apartheidspremie'. Hoewel het streven naar winst vaak is aangewezen als belangrijkste motief voor Shell, speelde het voorkomen van verlies ook een belangrijke rol in de beslissing om te blijven. Niet alleen Shell werd aangevallen door de anti-apartheidcampagnes, maar bijvoorbeeld ook het oliebedrijf Mobil. Waarom vertrok Mobil en bleef Shell? Shell zou de verliezen als gevolg van de boycot lager hebben ingeschat dan de inkomsten uit Zuid-Afrika. Bovendien was de raffinaderij van Shell in de Zuid-Afrikaanse havenstad Durban onmisbaar voor de activiteiten van het bedrijf in de rest van zuidelijk Afrika. Daarom zouden kosten van blijven in Zuid-Afrika op de lange termijn niet opwegen tegen de kosten van vertrek.

Ook banken bleven ondanks het wereldwijde verzet tegen apartheid actief in Zuid-Afrika, vanwege de enorme leningen die ze reeds hadden verstrekt aan de regering. Wanneer zij zich zouden terugtrekken en de Zuid-Afrikaanse economie zou instorten, zouden ze van deze leningen niets terugzien. Pas toen de economie als gevolg van de internationale handelsboycot daadwerkelijk in een crisis verkeerde, stopten de banken met het verstrekken van leningen. Terwijl verliesminimalisatie voor de banken en Mobil dus reden was om te vertrekken uit Zuid-Afrika, was die voor andere bedrijven, zoals Shell, juist reden om te blijven.

Zelfcontrole, bedrijfscultuur en normalisering

Winstmaximalisatie en verliesminimalisatie of althans dreigend gefrustreerde doelrealisatie kunnen dus een reden zijn voor ondernemingen om verzeild te raken in situaties waarin ze beschuldigd worden van betrokkenheid bij internationale misdrijven. Deze motivatie op het niveau van de onderneming vertelt ons echter niet hoe individuele managers tot dergelijke besluitvorming komen.

Veel onderzoek toont aan dat organisatorische besluitvormingsprocessen en daarmee de uitkomsten sterk worden beïnvloed door de subculturele setting waarin deze plaats-

vinden. Er wordt dan een sterk determinerende werking toegekend aan het fenomeen bedrijfscultuur.
Het is echter bijzonder moeilijk om een bedrijfscultuur vast te stellen. Mogelijk is een sociaal responsieve cultuur af te lezen aan het hebben van ethische gedragscodes en het zich vrijwillig binden aan richtlijnen van internationale organisaties op het terrein van milieu en mensenrechten. Bij sommige ondernemingen is geen spoor te ontdekken van aandacht voor maatschappelijke verantwoordelijkheid. Bij andere juist wel en dan verbaast het dat ze beschuldigd worden van betrokkenheid bij internationale misdrijven. Een voorbeeld is AngloGold Ashanti. Men zou verwachten dat in de bedrijfscultuur van dit goudbedrijf geen plaats is voor het betalen van een rebellenbeweging die zich schuldig maakt aan ernstige mensenrechtenschendingen om een goudmijn in Congo te kunnen exploiteren. Dit deed het bedrijf echter wel. Steven Lenahan, Executive Officer Corporate Affairs, zei daar zelf over: 'We knew, at that time and now, that this was quite obviously inconsistent with both our own business principles and commonly accepted conventions for the protection of human rights.'

Hoe kunnen we verklaren dat bedrijven van hun eigen normen en cultuur afwijken? Allereerst kunnen bijzondere omstandigheden vragen om bijzondere maatregelen. Dit kan een eenmalig afwijken van de norm of verlaging van de ethische standaard rechtvaardigen, waarna wordt teruggekeerd naar de normale standaard. Wanneer de bijzondere situatie persisteert of zich herhaaldelijk voordoet, kan dit leiden tot de normalisering van die afwijking. Bij herhaling van het probleem zal men afwijking weer accepteren en afwijking kan zo de norm worden. Deze norm blijft dan gelden, ook in situaties waarvoor de oorspronkelijke legitimatie niet geldt. Deviant gedrag wordt zo een standaard werkwijze.

Een goed voorbeeld is het Franse oliebedrijf Elf, dat grote bedragen aan steekpenningen betaalde om oliecontracten te krijgen, onder andere aan beide strijdende partijen in de burgeroorlog in Angola. Omkoping was een *standard operating procedure* en werd als noodzakelijk gezien om concurrerende oliebedrijven af te troeven. Voormalig topman Le Floch-Prigent zei daar later over: 'Elf was an enterprise which distorted the sense of reality.'

Permanente bijzondere omstandigheden doen zich voor bij de werkmaatschappijen van multinationals die actief zijn in conflictgebieden, landen met corrupte regimes of landen waar mensenrechten op grote schaal worden geschonden. Dat kan de indruk geven dat bepaalde praktijken in die landen 'normaal' en daarmee geoorloofd zijn. *Business as usual.*

6. Neutralisatietechnieken

We komen daarmee bij de legitimaties die de ondernemingen en hun vertegenwoordigers gebruiken om de betrokkenheid bij internationale misdrijven te rechtvaardigen. Criminologen noemen dit neutralisatietechnieken, omdat het manieren zijn om de ernst en de verwijtbaarheid van criminele gedragingen te neutraliseren. Ze stellen mensen in staat om normen of wetten te overtreden zonder zichzelf daarbij als normafwijkend of crimineel te beschouwen. Juist managers van grote ondernemingen, die hebben gestudeerd en carrière gemaakt, en wiens zelfbeeld ver af staat van criminaliteit, hebben zulke neutralisatietechnieken nodig om hun zelfbeeld van gezagsgetrouw burger en respectabel ondernemer te kunnen handhaven.
In de uitlatingen van vertegenwoordigers van de ondernemingen in juridische procedures of in de media kunnen verschillende neutralisaties worden herkend, zoals het veelgehoorde 'business is business, politics is politics'. Ik geef nog twee voorbeelden.

Veel bedrijven wijzen op de positieve effecten van hun aanwezigheid op economische ontwikkeling en democratie. De schade als gevolg van mensenrechtenschendingen en mogelijk ook hun betrokkenheid daarbij worden dan niet ontkend, maar de balans wordt als het ware in het positieve gebracht. En dit betekent dat het vertrek van het bedrijf veel schadelijker zou zijn voor de lokale bevolking dan het blijven. Van Wachem, voormalig topman van Shell, beweerde op het hoogtepunt van de campagnes tegen het bedrijf dat er eigenlijk helemaal geen probleem was, omdat de aanwezigheid van Shell in Zuid-Afrika in het belang was van alle Zuid-Afrikanen.
De Margerie, de huidige topman van het Franse oliebedrijf Total, neutraliseerde in de zomer van 2009 de kritiek op de betrokkenheid bij misdrijven tegen menselijkheid in Birma met een beroep op het milieubelang: 'I am bringing gas to Thailand. Bangkok was the world's most polluted city. They switched from oil fuel to gas. Bangkok is clean now. We are proud of being part of this.' Over de mensenrechtenorganisaties die kritiek hebben op zijn bedrijf zei hij: 'They can go to hell.'

Rationalisaties achteraf?

Wat is de verklarende waarde van deze neutralisatietechnieken voor het ontstaan en voortbestaan van de betrokkenheid van ondernemingen bij internationale misdrijven? De hierboven gepresenteerde uitspraken van topmensen zijn meestal gedaan nadat hun bedrijf is beschuldigd van betrokkenheid bij ernstige mensenrechtenschendingen en veelal in de context van een lopende of dreigende rechtszaak. Dit roept de vraag op of de gepresenteerde neutralisaties intrinsiek deel uitmaakten van de motivatie of dat ze bedoeld zijn als strafuitsluitingsgronden om onrechtmatigheid of schuld te minimaliseren. Met andere woorden: gaat het om rationalisaties *achteraf* of speelden ze *vooraf* bij de keuzes die tot de betrokkenheid hebben geleid?

Het feit dat we er pas na geuite beschuldigingen van horen hoeft overigens niet te betekenen dat neutralisaties louter voor de rechter, aandeelhouders, critici of de media bedoeld zijn. Rationalisaties achteraf kunnen ook wijzen op *effectieve normalisering* van de situaties die door derden als verwijtbare betrokkenheid bij internationale misdrijven worden gekwalificeerd. Want waarom neutraliseren wanneer de perceptie is dat gehandeld wordt conform verwachtingen of *standard operating procedures*?

7. De relatie met overheden

Met al deze aandacht voor de motivaties van ondernemingen en hun werknemers moeten we niet uit oog verliezen dat ook de omgeving van invloed is op het ontstaan van organisatiecriminaliteit. Een van die omgevingsfactoren is de overheid. Men mag verwachten dat zij crimineel gedrag van ondernemingen remt door het stellen van regels, het toezicht houden op de naleving ervan en het sanctioneren bij overtreding. Wanneer organisatiecriminaliteit zich toch voordoet, heeft die rem kennelijk niet goed gewerkt.

Ook in de door mij bestudeerde gevallen waarin ondernemingen betrokken raken bij internationale misdrijven spelen overheden een belangrijke rol. Om twee redenen is die echter anders dan zojuist geschetst. Ten eerste hebben we te maken met meerdere overheden en ten tweede kunnen deze verschillende functies ten aanzien van de onderneming hebben.

Gast- en thuislanden

Omdat alle bestudeerde casussen multinationale ondernemingen betreffen, zijn er minimaal twee overheden relevant: die van het thuisland en die van het gastland. De thuislanden zijn meestal rijke westerse of zich snel ontwikkelende Aziatische landen. De gastlanden waar de bedrijven opereren, zijn allemaal ontwikkelingslanden waarin internationale misdrijven worden gepleegd in de context van een gewapend conflict of een misdadig regime.

Traditionele overheidsrollen

Behalve dat multinationale ondernemingen te maken hebben met verschillende overheden kunnen overheden verschillende functies of rollen hebben ten opzichte van ondernemingen. Sommige van deze rollen zijn traditionele overheidsfuncties. De eerste is het verlenen van concessies voor het exploiteren van mijnen, olie- of gasvelden of het kappen van bomen. Door hiervoor te betalen kunnen ondernemingen bijdragen aan de wandaden van de betreffende regimes. In het minst erge geval betekent dit corruptie, wanneer de gelden verdwijnen in de zakken van politici of bestuurders. In het slechtste geval worden de opbrengsten gebruikt om gewapende conflicten te financieren of een misdadig regime economisch levensvatbaar te houden. Soms blijken bedrijven zelfs bereid wapens te leveren teneinde concessies te krijgen.

Een tweede traditionele overheidsfunctie is die van wetgever en rechtshandhaver. Ontwikkelingslanden met een slechte infrastructuur en die afschrikken wegens ondemocratisch gezag, corruptie of onveiligheid trachten dit te compenseren door verder weinig regels te stellen of belasting te vragen – zogenaamde *competitieve deregulering*. Wanneer de overheid zelf pleger is van internationale misdrijven heeft zij helemaal geen belang bij het optreden tegen betrokken ondernemingen. Maar ook de overheden van de thuislanden tonen vaak weinig belangstelling voor het schadelijke gedrag van in het buitenland ondernemende onderdanen. Soms werkt het thuisland de aanpak van deze betrokkenheid zelfs tegen. De Canadese regering heeft bijvoorbeeld diplomatieke druk uitgeoefend op de Verenigde Staten om de daar aangespannen rechtszaak tegen het Canadese Talisman wegens medeplichtigheid aan de misdrijven van het Soedanese leger te staken.

Een derde traditionele overheidfunctie is die van geweldsmonopolist en van veiligheidsbieder. In een belangrijke categorie zaken zijn de internationale misdrijven gepleegd door politiefunctionarissen of militairen bij het 'beschermen' van personeel of eigendommen van ondernemingen. Soms betalen ondernemingen voor deze bescherming. In Nigeria is bijvoorbeeld een speciale politie-eenheid opgericht voor de bescherming van de oliebedrijven. Deze eenheden staan onder gezag van de Nigeriaanse politie, maar worden betaald door de oliebedrijven. De politiedienst staat vanwege haar hardhandig optreden lokaal bekend als *kill and go*. In de recent afgekochte rechtszaak werd Shell ervan beschuldigd meermalen de hulp van deze politie te hebben ingeschakeld.

De overheid als private partner

De bescherming van ondernemingen betekent vaak tegelijkertijd het beschermen van de eigen belangen van de regering of lokale machthebbers. Naast de publieke functies kunnen overheden ook *zakelijke betrekkingen* hebben met ondernemingen, bijvoorbeeld als klant, wanneer goederen, diensten of kapitaal nodig zijn om oorlogen te voeren, bevolkingsgroepen te onderdrukken of meer in algemene zin om een dictatoriaal regime in stand te houden.

Overheden en bedrijven kunnen ook een formeel samenwerkingsverband aangaan, bijvoorbeeld voor de aanleg van een pijpleiding of de exploitatie van een olie- of gasveld. Wanneer de overheid in het kader van zo'n joint venture internationale misdrijven pleegt, betekent dat al snel de betrokkenheid van de commerciële partners, zoals we onder andere in Birma zien.

State-corporate crime

Wat in de bovenstaande beschrijving van alle rollen en functies van overheden ten opzichte van ondernemingen opvalt, is de sterke mate van samenwerking of vervlechting van belangen van overheid en onderneming. Verder heeft de overheid in het geval van reguliere organisatiecriminaliteit meestal een faciliterende rol bij primair door ondernemingen gepleegde feiten. Hier is dat omgekeerd en gaat het hoofdzakelijk om door ondernemingen gefaciliteerde staatsmisdaden.

8. Mogelijkheden voor aanpak

Gezien de relaties tussen overheden en ondernemingen, het vaak indirecte daderschap en de veelvoorkomende neutralisaties zal het wellicht niet verbazen dat er wereldwijd nog nooit één onderneming strafrechtelijk is vervolgd wegens betrokkenheid bij internationale misdrijven. Deze constatering staat in schril contrast met de prevalentie en ernst van de in deze rede geschetste problematiek. Toch is het wel mogelijk ondernemingen juridisch aansprakelijk te stellen of anderszins ter verantwoording te roepen. Ik zal de mogelijkheden daartoe hier kort bespreken.

Ondernemingen kunnen niet worden vervolgd door het Internationaal Strafhof in Den Haag of een van de internationale tribunalen. De jurisdictie van deze instanties is beperkt tot individuen en strekt zich niet uit tot rechtspersonen. De hoofdaanklager van het Strafhof heeft wel aangekondigd dat hij van plan is onderzoek te gaan doen naar individuele ondernemers die een rol spelen bij de financiering van gewapende conflicten waarin internationale misdrijven worden gepleegd, maar het is nog niet tot een dergelijk onderzoek gekomen.
Het is wel mogelijk ondernemingen te vervolgen voor internationale misdrijven onder het nationale strafrecht van sommige landen. Een nationaal rechtssysteem moet daartoe aan twee voorwaarden voldoen: ten eerste moet het de strafrechtelijke aansprakelijkheid van rechtspersonen erkennen en ten tweede moeten de internationale misdrijven uit het Statuut van het Internationaal Strafhof zijn geïmplementeerd in het nationale strafrecht. In verschillende landen bestaat deze combinatie, waaronder Nederland. Het enige land dat hiervan gebruikt heeft gemaakt is Australië, waar een strafrechtelijk onderzoek werd gestart naar de mogelijke oorlogsmisdrijven van het mijnbouwbedrijf Anvil.

Voor zover er juridische procedures zijn gestart tegen ondernemingen wegens betrokkenheid bij internationale misdrijven gebeurt dit vooral op basis van de Amerikaanse Alien Tort Claims Act. Deze wet uit 1789 geeft niet-ingezetenen het recht in de Verenigde Staten een rechtszaak te starten wegens schending van volkenrecht, ook wanneer de aangeklaagde geen burger van de VS is. De wet is herontdekt door advocaten om zaken aan te brengen tegen bedrijven wegens ernstige mensenrechtenschendingen. Inmiddels zijn tientallen zaken aangespannen. Hoewel de Amerikaanse rechter zich wel ontvankelijk heeft verklaard voor dit soort zaken is het nog niet tot een einduitspraak gekomen. De zaken tegen Unocal en Shell zijn beëindigd met een schikking.

Aan het oordeel of deze mogelijkheden afdoende zijn, gaat een vraag vooraf: waarom zouden we ondernemingen aansprakelijk willen stellen en straffen? Daarvoor zijn normatieve en instrumentele argumenten aangedragen. Normatieve argumenten zijn het beëindigen van de straffeloosheid van deze categorie medeplichtigen aan zeer ernstige misdrijven, het bieden van genoegdoening voor de vaak machteloze slachtoffers en normbevestiging door de morele afkeuring die uitgaat van een strafrechtelijke veroordeling.
Het belangrijkste instrumentele argument is de afschrikkende werking die van een strafrechtelijke vervolging van ondernemingen zou uitgaan, in het bijzonder van vervolging door het Internationaal Strafhof. Maar zouden vervolging en bestraffing het beoogde effect hebben? Er is nog weinig bekend over de effecten van het werk van de tribunalen en het Internationaal Strafhof. Wel is er al redelijk wat onderzoek gedaan naar de effecten van het straffen van ondernemingen. De uitkomsten daarvan zijn echter verre van eenduidig. Voor zover een afschrikwekkend effect wordt verwacht, is dat niet vanwege de hoogte van op te leggen boetes, maar vanwege de reputatieschade die het gevolg kan zijn van strafvervolging. Economisch onderzoek laat zien dat reputatieschade vooral optreedt bij vormen van organisatiecriminaliteit waarbij de financiele belangen van cliënten en beleggers direct worden geraakt, zoals boekhoudfraude. Bij andere vormen van wangedrag, zoals milieuverontreiniging en omkoping in het buitenland, treed geen reputatiesanctie op. Aandeelhouders en financiers vinden dit kennelijk niet zo erg.

De vraag is dan hoe stakeholders denken over betrokkenheid van ondernemingen bij ernstige mensenrechtenschendingen. NGO's trachten met wisselend succes consumentenboycots te initiëren. De consumentenboycot van de anti-apartheidsbeweging tegen Shell had zeker invloed op de omzet en uit interne stukken blijkt dat het bedrijf bang was voor de publiekscampagnes. Dat heeft echter niet geleid tot het vertrek uit Zuid-Afrika. NGO-acties richting aandeelhouders brachten Talisman er wel toe Soedan te verlaten. Het oliebelang werd verkocht aan het staatsenergiebedrijf van India. De vraag is of de mensenrechtensituatie daarmee is geholpen.

Bij gebrek aan middelen om verantwoording af te dwingen trachten internationale organisaties en NGO's ondernemingen vrijwillig allerlei richtlijnen, codes en standaarden omtrent hun maatschappelijke verantwoordelijkheden te laten onderschrijven. Wat is de waarde van deze instrumenten voor het tegengaan van de betrokkenheid van ondernemingen bij internationale misdrijven? Enerzijds kunnen ze bijdragen aan het creëren van een algemeen geaccepteerde sociale norm inzake de bescherming van mensenrechten door ondernemingen. Anderzijds betekent het vrijwillige karakter dat ze gebrekkig handhaafbaar zijn en daardoor is er het risico van misbruik om de schone schijn op te houden. De dreiging van strafvervolging maakt deze zelfreguleringsinstrumenten wellicht minder vrijblijvend en dus effectiever.

9. Besluit

Deze oratie biedt een *begin van een antwoord* op de vragen over de omvang, de aard en de oorzaken van de betrokkenheid van ondernemingen bij internationale misdrijven. Mijn onderzoek laat zien dat het om meer gaat dan een incidenteel probleem. Vormen van betrokkenheid lopen uiteen van indirect tot zeer direct. De oorzaken van de betrokkenheid lijken niet wezenlijk anders dan die van andere vormen van organisatiecriminaliteit, maar moeten wel bezien worden vanuit de *specifieke contexten* waarin die betrokkenheid tot stand komt. Sommige branches lopen daardoor meer risico dan andere. Vooral de diverse en nauwe relaties met de overheden die de principale plegers van de internationale misdrijven zijn vallen op.

Mijn analyse kent twee beperkingen die aanknopingspunten bieden voor nader onderzoek. Als buitenstaander heb ik heb uit bestaande documenten en berichten in de media de motivaties van de bedrijven afgeleid. Het is echter ook nodig om bínnen bedrijven te onderzoeken hoe besluiten worden genomen en hoe processen van socialisatie en normalisering werken die deze besluiten mogelijk maken. Daarnaast keek ik alleen naar bedrijven die beschuldigd zijn van betrokkenheid bij internationale misdrijven. Ik heb niet gekeken naar vergelijkbare bedrijven die níet in zo'n situatie zijn geraakt. Dat is echter wel nodig om het voorkomen van deze betrokkenheid te verklaren.

Ten slotte zijn me de vele tegenstrijdigheden rond dit fenomeen opgevallen. U en ik keuren het beschreven ondernemingsgedrag af, terwijl het binnen de eigen kring normaal wordt gevonden of gegeven de omstandigheden geoorloofd. Het gaat om grote aantallen slachtoffers en ernstig leed en toch verhinderen politieke onwil en belangenverstrengeling overheidsoptreden. En ook de houding van het publiek lijkt dubbelzinnig: we willen geen bloeddiamanten en tanken zo nodig elders, maar wel eten we conflictchocolade en kopen we mobieltjes waarin kobalt en coltan zit en dragen zo bij aan de strijd om bodemschatten in Congo. Bovendien is er de juridische onduidelijkheid: materieel kan wel worden vastgesteld dat bedrijven betrokken zijn bij mensenrechtenschendingen, maar dat betekent niet dat zij daarvoor ook aansprakelijk kunnen worden gehouden. Deze ambiguïteiten roepen enerzijds de vraag op of dit onderwerp wel tot het domein van de criminologie behoort (het is immers niet duidelijk of in juridische zin wel een misdrijf wordt gepleegd) en anderzijds maakt de ambiguïteit juist onderdeel uit van de verklaring (daardoor is het misdrijf immers gemakkelijker te normaliseren en te neutraliseren). Het is immers niet vanwege kwade intenties dat ondernemingen betrokken raken bij internationale misdrijven, en de voor het oprapen liggende neutralisaties voorkomen dat ondernemers zich iets anders dan de beste intenties hoeven toedichten. Dit is een weinig geruststellende vaststelling.

De parallel met de nazibureaucraten dringt zich op. Dit zou betekenen dat Hannah Arendts beroemde these over de banaliteit van het kwaad ook geldt voor ondernemingen. Gewone ondernemingen kunnen in buitengewone omstandigheden bijdragen aan vreselijke misdrijven.

Over de auteur

Wim Huisman is hoogleraar criminologie aan de Vrije Universiteit Amsterdam. Huisman is een van de initiatiefnemers van het Amsterdam Centre on the interdisciplinary research on International Crimes and security (ACIC). Hij is tevens lid van het bestuur van de onderzoeksschool Maatschappelijke Veiligheid (www.omv.nl) en lid van de redactie van het *Tijdschrift voor Criminologie*. Zijn onderzoeksinteresse ligt vooral op het terrein van organisatiecriminaliteit en bedrijfscriminaliteit, die hij vanuit een interdisciplinaire criminologische en juridische invalshoek bestudeert. Huisman heeft strafrecht, bestuursrecht en criminologie gestudeerd aan de VU. Zijn proefschrift – gepubliceerd in 2001 – combineerde inzichten uit de rechtswetenschap, de criminologie en de organisatiekunde om verschillen in naleving van milieu- en arboregels door ondernemingen te verklaren. Huisman heeft vele publicaties geschreven over organisatiecriminaliteit, regelnaleving en rechtshandhaving. Recentelijk richt hij zich op de betrokkenheid van ondernemingen bij ernstige mensenrechtenschendingen.

Business As Usual?

The Research School Safety & Justice *www.omv.nl*

The Research School Safety & Justice is a cooperation between the Erasmus University Rotterdam, Leiden University, University Twente, Vrije Universiteit Amsterdam, the Netherlands Institute for the Study of Crime and Law Enforcement, IVO (Addiction Research Institute), and the Research and Documentation Centre. The Research School has been officially recognized by the Royal Netherlands Academy of Arts and Sciences.

The Research School researches public safety. Two sub sectors, namely 'Basics of safety and social cohesion' and 'Maintenance of law and order and new strategies of crime prevention', receive special attention. Another objective for the Research School is to educate researchers who can do both fundamental scientific as well as empirical applied research in the field of public safety.

Business As Usual?

Corporate Involvement in International Crimes

A shorter version of this text was presented as inaugural speech, held on the occasion of accepting the chair of Criminology at the VU University Amsterdam on October 9, 2009

by

prof. dr. Wim Huisman

Eleven International Publishing
The Hague
2010

Published, sold and distributed by Eleven International Publishing
P.O. Box 85576
2508 CG The Hague
The Netherlands
Tel.: +31 70 33 070 33
Fax: +31 70 33 070 30
Website: www.elevenpub.com

Cover design: Primo!Studio, Delft
Layout: Textcetera, Den Haag

ISBN 978-90-8974-348-0
NUR 824

Table of Contents

1. Introduction

In June 2009, Shell settled in a case filed by the next of kin of the late Nobel Peace Prize winner Ken Saro-Wiwa and other Ogoni activists from Nigeria. Shell was accused of complicity in crimes against humanity in the repression of peaceful protests against the pollution and corruption caused by Shell's extraction of oil in the Niger Delta. Shell allegedly paid security forces to act and assisted them, as well as profiting from the execution of Saro-Wiwa and eight of his allies. The corporation emphasized that the payment of 15.5 million US dollars to the victims' next of kin was not an admission of guilt, but a humanitarian gesture.[1]

Shell is not the only corporation that has been accused of complicity in human rights violations. John Ruggie, Special Representative of the UN Human Rights Council, analyzed 320 cases and found among other things slavery-like labour conditions and child labour.[2] Today, I will focus on corporations' complicity in the most heinous violations of international crimes: genocide, crimes against humanity and war crimes. These have been criminalized by the international community in treaties and are therefore referred to as international crimes.

There are several instances of corporations being accused of complicity in international crimes. Like Shell, the US energy company Unocal settled in a case in which it was accused of profiting from the Burmese military junta's violent way of meeting the contract to build a new pipeline for gas exports. The Burmese army used torture, rape and murder, and destroyed houses, crops and cattle in order to force people to leave the land where the pipeline was to be built by forced labour (Rozencranz & Louk, 2005; Wells, 1995). In Australia the government started a criminal investigation into the mining corporation Anvil Mining for its alleged complicity in war crimes committed by the Congolese army in repressing a local uprising. The corporation was said to have provided logistical support in the form of air transport and vehicles for soldiers. Some 70 to 100 civilians, including many women and children, were killed in the operation. Although Anvil Mining employees were acquitted by a military tribunal in Congo, the company was later subject to criminal investigations in Australia (Global Witness, 2007b; Human Rights Watch, 2003; Kyriakakis, 2007; McBeth, 2008). Another example is the Canadian oil company Talisman, which was charged with providing logistical support to the Sudanese army by, for example, allowing army

1 *The Economist*, 13 June 2009.
2 UN Human Rights Council A/HRC/8/5/Add.2 2008.

planes to use the company's air strip and bomb villages close to the oilfields (Human Rights Watch, 2003).

I have chosen today to focus on corporations' involvement in international crimes, even though none of the above cases has resulted in the company being convicted and no corporation has ever been held legally responsible for its involvement in such crimes. I will consequently examine the various cases on the basis of accusations and allegations without a judicial verdict. The obvious and fundamental question is: Am I allowed to do so? This reminds me of a very old, but still topical debate between criminologists and lawyers in the 1940s, when Edwin Sutherland coined the term 'white-collar crime'. He was accused of using the term to investigate cases in which no verdict had been reached or that were not even prohibited in criminal law. Sutherland set out, however, to look at those cases that were successfully kept out of the reach of criminal law by the business elites but which, in view of their seriousness and culpability, met the usual criteria for criminality. In his research he examined violations of the law by America's 70 largest corporations, with significant numbers of these violations being deemed to constitute war crimes (Galliher & Guess, 2009).

My goal is similar to that of Sutherland. In order to provide better answers to normative questions about the appropriate and desirable judicial or non-judicial measures that can be taken in response to corporate involvement in international crimes, I will first try to address some empirical questions about the scale, nature and causes of this involvement. In other words: What do we know about corporate involvement in international crimes?

I will first address the question on prevalence: how often do these crimes occur? Then I will try to characterize the ways in which corporations can become involved in international crimes. After that I will look for causes. Firstly by assessing the risks connected to specific industries and the characteristics of individual corporations that may account for their involvement. Secondly I will try to identify characteristics of individual companies that could contribute to their involvement in international crimes. Thirdly I will discuss the ways in which corporations seek to legitimize their involvement. Fourthly I will look at the different ways in which governments can be involved, including in corruption. Lastly I will consider possible ways of dealing with this special form of corporate crime.

2. Prevalence of Involvement

To assess the scale of the phenomenon, I tried to obtain information on all instances in which multinational corporations had been accused of involvement in international crimes. I found a total of 70 corporations.[3] Is this a lot? That is difficult to say.

First of all, there will be an unknown number of cases that we know nothing about. This is what criminologists refer to as a 'dark figure'. Presumably, this number will be particularly high because there is no international regulator monitoring the behaviour of multinational corporations and producing reliable statistics.

Almost all the cases that are known to us have been brought to light by human rights organizations and other non-governmental organizations (NGOs). Although some NGOs are renowned for their solid fact-finding research – and UN agencies are consequently keen to adopt their findings – we should be aware of the possibility of bias. NGOs generally strive to achieve idealistic or political goals, which means that they may present facts in a different way than they would be presented in academic research.[4]

---

3 All cases examined can be seen as contemporary accusations, either because they are no more than five years old or because they are currently being considered by a court. However, accusations can also be based on events that took place in the past. One case, for example, concerns the ongoing trial against 23 corporations accused of complicity in the crimes committed during the apartheid era in South Africa. Cases concerning the complicity of German corporations in the crimes committed by the Nazis have not been included as they are no longer ongoing. These cases will, however, be referred to because they have been well-documented in literature. Even older examples can be found, such as the crimes committed in the nineteenth century by employees of private rubber corporations in the former Congo Free State (Ward, 2005) and the genocide of the inhabitants of the Banda Islands committed in the seventeenth century by the Dutch East Indies Company (VOC, which is generally seen as the first multinational corporation) under the directorship of Jan-Pieterszoon Coen (Hanna, 1978).

4 It can be risky to rely uncritically on NGO research, as the Dutch criminal case against the businessman Gus Kouwenhoven shows. In 2001 the NGO Global Witness published a research report which stated that the former president of Liberia, Charles Taylor, had used revenues from the trade in tropical timber to finance the civil war in his country and in neighbouring Sierra Leone. Kouwenhoven, director of the logging corporation Oriental Timber Company [OTC], was alleged to be an important business partner of Taylor and thus to have contributed to funding the civil war. In the report, OTC – and thereby Kouwenhoven – was also accused of using violence against the civilian population. This violence was reported to have been committed by former militia members who were now working as OTC security staff. Kouwenhoven was also accused of smuggling weapons for Taylor's army. Based on these accusations the United Nations imposed an embargo on trade in tropical timber from Liberia. Kouwenhoven was the first Dutchman to receive an international travel ban. The media attention resulting from this UN intervention led to the Dutch public prosecutor's decision to start a case against Kouwenhoven (Van den Herik & Letnar, 2010). After an initial verdict of guilty, the Court of Justice in The Hague ruled that the criminal investigation had been 'uncritical' and 'one-sidedly aggravating for the suspect' and that the accusations were consequently based on 'quicksand'.

Moreover, NGOs do not select their targets randomly: they mostly aim at Western corporations, listed on a stock exchange and producing for consumer markets, which are more sensitive to reputational damage.

A growing number of cases have resulted in legal proceedings (tort claims or criminal prosecution), which will eventually provide a judicial test of these accusations. Provided that the judicial authorities passing judgment adhere to the rule of law, this will offer some test of the reliability of the accusations. As yet, however, there have been no such judgments. In the Anvil case the Australian authorities started a criminal investigation, but this was terminated for reasons that remain unclear. In several cases corporations have been indicted in civil suits under the Alien Tort Claims Act (ATCA) by representatives of the victims of the alleged crimes.

Although we cannot check whether the individual accusations are correct, we can conclude from our stocktaking that this is more than an incidental issue.[5]

Kouwenhoven was consequently acquitted of complicity in war crimes and illegal arms trafficking (Court of Appeal of The Hague, 10 March 2008, Case No. BC7373, English translation on http://ljn.rechtspraak.nl). According to Kouwenhoven's lawyer, the Public Prosecutor had relied exclusively on witnesses provided by Global Witness (Husken & Lensink, 2008, p. 14). In April 2010, the Dutch Supreme Court quashed the judgment of the Court of Appeal and referred the case to another appellate court to re-examine the case (Supreme Court of The Netherlands, 20 April 2010, Case No. BK8132, no English translation available yet). This example indicates the problems of doing research in former and current conflict zones and the fact that using accusations by NGOs for research purposes can be difficult.

5 In order to gain more insight into the nature of these crimes, and the forms and possible causes of involvement, a group of master students and I conducted an in-depth analysis of a selection of cases. In every case, several sources were examined, including academic publications, NGO reports, annual reports, statements by the corporation, media articles and legal records. In some cases we managed to conduct interviews with the corporations themselves. I will use the outcomes of these case studies, in addition to relevant literature, to answer the research questions set out above.
The following case studies were conducted: Talisman and several other oil corporations in Sudan (by Hannah Traudes), Elf in Angola (by Roderick Resseler), Shell in Nigeria (by Christian Brouwer), AngloGold Ashanti and some other gold corporations and financial institutions in Congo (by Evelien Hulst), Anvil Mining in Congo (by Martine Vermeij), Daewoo and other energy companies in Burma/Myanmar (by Sabine Knoers), Chiquita in Colombia (by Eva van der Reijden), Nestlé and other cocoa manufacturers in Ivory Coast (by Marloes Phillippo), Blackwater in Iraq (by Monique Sijbrants), IBM and other corporations and the Apartheid regime in South Africa (by Lydia de Leeuw), Dutch corporations doing business in Israeli occupied Palestinian territories (by Tali Kidron) and the case of the Dutch businessmen Kouwenhoven and Van Anraat (by Aafke Morssinkhof). The individual papers can be found on http://www.rechten.vu.nl/nl/onderzoek/onderzoeksinstituten-en-centra/acic/research/ongoing-projects/corporations-and-international-crime.asp.

3. Nature of Involvement

Corporations can become involved in international crimes in a multitude of ways. Firstly, corporations' employees can themselves be the physical perpetrators of gross violations of human rights, such as executions of innocent civilians by employees of private military firms, as have allegedly been carried out on several occasions in Iraq by the US company Blackwater. The latter has been indicted for these and other incidents, among which war crimes.[6] More often, however, corporations are involved in international crimes primarily committed by others. These 'others' are most often police, intelligence services or the armed forces. Essentially, this involvement can take two forms: either corporations contribute to or they profit from the committing of international crimes.

Corporations can contribute to the committing of international crimes in two ways: as buyers or as suppliers. They can become involved as suppliers if their products are used to violate human rights. Examples of these products can be arms, chemicals, private military services and even computers. Buyers in turn can become involved if the extraction or production of the product supplied involves human rights violations or the revenues paid by the corporation are used to fund a civil war. Corporations can

---

6 Five Blackwater employees have been indicted on charges of voluntary manslaughter, attempting to commit manslaughter and weapons violations for their alleged roles in the 16 September 2007 shooting at Nisour Square in Baghdad. A sixth Blackwater security guard pleaded guilty on 5 December 2008 to charges of voluntary manslaughter and attempting to commit manslaughter (http://www.justice.gov/opa/pr/2008/December/08-nsd-1068.html). In January 2010 the judge dismissed the charges against the Blackwater employees because the statements by the Blackwater guards, which had been given in return for promises of immunity, were improperly used and thus infringed their right to a fair trial (*New York Times*, 1 January 2010). The US Government (which continues to use the services of Blackwater) stated it would review this decision. Vice President Joe Biden has announced that the state will appeal (http://news.bbc.co.uk/2/hi/middle_east/8476794.stm). Another suit was filed under the Alien Tort Claims Act on behalf of an injured survivor and three families of men killed in the incident. The case was brought by the Center for Constitutional Rights and a law firm (http://ccrjustice.org/ourcases/current-cases/atban,-et-al.-v.-blackwater-usa,-et-al). The victims have since agreed a settlement with Blackwater (now Xe Services). The amount of the settlement is unknown (http://news.prnewswire.com/ViewContent.aspx?ACCT=109&STORY=/www/story/06-10-2009/0005041780&EDATE). Another lawsuit against Blackwater was filed on 10 June 2009 in the US District Court for the Eastern District of Virginia (http://news.prnewswire.com/ViewContent.aspx?ACCT=109&STORY=/www/story/06-10-2009/0005041780&EDATE) in *Estate of Husain Salih Rabea and Ali Kareem Fakhri v. Erik Prince et al.* (Civil Action No. 1:09 cv 645. See also: *The Nation*: Blackwater Founder Implicated in Murder, 4 August 2009). In January 2010 two former guards were arrested on murder charges stemming from a shooting in Afghanistan in May 2009 that resulted in two Afghans dying and a third being wounded. The indictment was made by the Federal Court in Virginia. The two men were working for Paravant LLC, a subsidiary of Xe Services, and had been contracted to train Afghan soldiers (*New York Times*, 17 January 2010).

also play an assisting role in international crimes by providing logistical support, as in the Anvil and Talisman cases, but also by providing information such as names and locations of trade union members.

Corporations can also profit from crimes committed by others, for instance the violent repression of protests against a company's activities by the police or security forces. But, of course, supplying arms to warring factions is also a way to profit from violent conflicts in which international crimes may be committed.

4. Risky Sectors

There seems to be a link between the nature of the involvement and the sector in which the corporation is active. The risk of becoming involved relates to the nature of the goods, services or capital purchased or supplied. Indeed, some sectors are clearly overrepresented in our database of accused corporations.

Extractive Industries

This overrepresentation is most evident in the case of corporations involved in extracting natural resources ('the extractive industries'), such as minerals (fossil fuels, ores and gems) and also agricultural, horticultural and forestry products such as tropical timber, rubber and cocoa.

In the late 1990s the economist and former president of the World Bank, Collier, found a strong correlation between the occurrence of armed conflict and the presence of natural resources in a country. He hypothesized a causal relationship: rather than political and ideological motives, it is the wish to control the trade in natural resources that is the most important foundation for armed conflict. This 'greed not grievance' hypothesis has become the general doctrine for international organizations such as the UN (Ballentine & Sherman, 2003).

In the academic world, however, this thesis is increasingly being challenged as the correlation is much more complex than previously assumed. There are many nuances in the distinction between the onset and duration of a conflict, the distinction between separatist conflicts and a *coup d'état*, the type of resource, the way in which resources are extracted and the location from which they are extracted.[7]

---

7 In two meta-analyses of studies into the connection between the presence of natural resources and civil war (Ross, 2006; Ross, 2004a, 2004b), four conclusions are reached:

1. Dependency on oil, gas or other fossil fuels seems to be related to the commencement of an armed conflict, but not to its continuation. This connection is stronger when the civil war has the aim of separating part of the territory from the rest, but weaker when the war is aimed at a complete takeover of power.
2. The presence of gems does not seem to be related to the start of a conflict, but it does seem to have a connection to its continuation.
3. There is no statistical proof of a correlation between agricultural, horticultural or forestry products and the commencement or continuation of a conflict. Tropical timber is an exception; this product has been found to be significantly related to the continuation of a conflict.
4. The claim that a country's economic independence is associated with the start of a civil war is not very robust.

The connection between the presence of natural resources and armed conflict does not automatically mean there is a connection between the corporations that exploit those resources and the international crimes committed in the course of the conflict. However, this is an association that is often made. NGOs regularly suggest that armed conflicts are in fact being funded by corporations acquiring natural resources from the combating factions, or paying concessions to exploit them themselves. The Panel of Experts on the Illegal Exploitation of Natural Resources and other Forms of Wealth of the Democratic Republic of Congo, established by the UN Security Council, also found that 157 corporations were directly or indirectly involved in illegal exploitation, thus enabling the purchase of arms and, as such, the committing of war crimes and crimes against humanity.[8]

The extent to which corporations are involved in human rights violations, committed while exploiting natural resources, depends on whether they are directly involved in this exploitation. In this respect a distinction can be made between resources where exploitation is capital-intensive and those where it is capital-extensive (Ross, 2004a, 2004b).[9] If the exploitation is capital-intensive, the extraction, transport and processing of the goods require complex organization, technology and logistics. And these in turn require high levels of investment, as in the case of crude oil and ores. Natural resources that are easier to extract and transport, such as gems, are capital-extensive products. Multinational corporations accused of complicity in international crimes are more likely to be involved in extracting capital-intensive rather than capital-extensive resources as, in the case of the former, they have to be on the spot and so run a higher risk of coming into direct contact with perpetrators of international crimes.

It is not surprising, therefore, that corporations active in exploiting *fossil fuels*, such as oil and gas, are particularly associated with human rights violations in conflict situations. The accusations against Unocal in Burma, Shell in Nigeria and Talisman in Sudan have already been mentioned, while the US oil corporation Chevron and the French Elf have been accused of financially supporting the warring parties in the Angolan civil war. Several former high-ranking French public officials have even been convicted of supplying arms in exchange for lucrative oil contracts (Dias, 2003). Human Rights Watch has accused corporations that invest in Burmese oilfields of aiding the dictatorial military regime, which is well known for violating human rights, and of damaging the environment and the Burmese people (Human Rights Watch, 2007). Recently some Daewoo executives were convicted of supplying military

8 UN Doc S/2-3/1027, 2003.
9 Ross uses the terms 'non-lootable' and 'lootable', but these terms can cause a confusing association with pillage. The central issue is the amount of capital used in exploiting the resource.

equipment and knowledge to the Burmese regime in return for a lucrative gas contract for a newly discovered oilfield in Burma.[10]

Like fossil fuels, the extraction of *ores* requires considerable investments in people and equipment. This explains the presence of foreign corporations in the developing countries in which these ores can be found. Especially in Africa, these minerals tend to be found in countries affected by civil war. The Democratic Republic of Congo (DRC) is one of the best-known examples. Several mining corporations active in this country have been accused of being involved in or profiting from human rights violations committed by the warring parties. Human Rights Watch has accused the international gold corporation AngloGold Ashanti of supporting the armed rebel group FNI, which is striving for independence of Ituri province (Human Rights Watch, 2005). Many human rights violations have been committed during this war of independence, and these have led to several FNI rebel leaders being prosecuted by the International Criminal Court. The corporation paid fees to be allowed to exploit the gold mines and in return allowed the FNI to use several vehicles and a house for perpetrating their crimes (Human Rights Watch, 2005).[11] The corporation stated that it had had no alternative (Lenahan, 2006). This case can be seen as an example of how the exploitation of capital-intensive natural resources, and the investments required for their exploitation, can create a vulnerability to extortion. Should the corporation, therefore, be seen as a perpetrator or as a victim of the situation?

The extraction of *gems* is often capital-extensive because they can be found and transported more easily, relatively speaking. The best-known example of gems being connected to international crimes is the gems referred to as 'blood diamonds' or 'conflict diamonds'. It became clear in the 1990s that the warring parties in Angola, Congo, Liberia and Sierra Leone were funding much of the cost of their wars from revenues from the diamond trade (Reno, 2009). To a large extent the armed conflict was even about control of the diamond mines. Although these primitive mines were most often exploited by the rebel groups themselves, the diamonds were also eagerly bought by the regular diamond market, including the renowned South African trading house

10 http://www.shwe.org/media-releases/statements/Joint%20statement%20of%20Korea.pdf and http://www.hrw.org/english/docs/2007/03/24/burma15557.htm.

11 Not only people fall victim to armed conflict relating to mines. The exploitation of the rare mineral coltan, which can be found in every mobile phone, is said to be connected to the destruction of the natural habitat of mountain gorillas in Congo, where 40-60% of the world's coltan can be found. According to Boekhout van Solinge this has led to a decrease of 50% in the already threatened species (Boekhout van Solinge, 2008). If the measures taken are inadequate, mining can also have a very detrimental effect on the environment. A well-documented example is Ok Tedi Mining's exploitation of copper in Papua New Guinea and Indonesia West Papua. Toxic waste from this mine has affected the living space of thousands of inhabitants as far as 800 kilometres down river (Harper & Israel, 1999; Kyriakakis, 2005).

De Beers (Siegel, 2009). The fact that some products are easier to extract and transport means that foreign corporations that buy these products can keep their distance, and this may mean a lower risk of their being accused of involvement in human rights violations connected to the extraction.

Some products can be extracted in both capital-intensive and capital-extensive ways, depending on where they are found. Gold and diamonds, for example, can be found by using a colander in a riverbed in one area, but have to be extracted from far underground in another. This leads to different forms of involvement in the human rights violations connected to these products' extraction, as illustrated by two cases involving gold corporations processing gold from Congo. AngloGold Ashanti exploits mines in an area controlled by FNI rebels and therefore has to do business with these rebels directly. The Swiss corporation Metalor, however, allegedly buys gold from Congolese open mines – controlled by the rebel groups – through intermediaries in Uganda (Human Rights Watch, 2005). Metalor is consequently able to keep more physical distance from the human rights violations committed in these areas.

It is not just fossil fuels, ores and gems, but also *agricultural, horticultural and forestry products* that can be used to fund armed conflict. After the UN imposed an embargo on the trade in diamonds from Liberia, exports of tropical timber became the main source of income for Charles Taylor's regime and enabled it to fund its civil war and the war in neighbouring Sierra Leone (Reno, 2009). Large logging concessions were granted to the companies RTC and OTC, the director of which, the Dutch businessman Kouwenhoven, was prosecuted for war crimes in the Netherlands.[12]

There are claims that the civil war in the Ivory Coast is funded to a substantial degree by revenues from the cocoa plantations. In 2006, 40% of the world's production of cocoa came from the Ivory Coast (Global Witness, 2007a). Once again, control of the cocoa plants seem to be an important issue in the conflict, with large cocoa grinders allegedly buying cocoa directly from the warring parties.

Another example of an agricultural product connected to human right abuses is bananas. The well known corporation Chiquita was charged with providing financial support to the AUC (Autodefensas Unidas de Colombia, a right-wing equivalent of the paramilitary FARC) in Columbia. The AUC protected the banana plantations and violently ended the opposition of several local union leaders. In the US the AUC is considered to be a terrorist organization. Remarkably, Chiquita voluntarily admitted to some of these charges, but was nevertheless prosecuted in the US for funding

12 Supra note 4.

terrorism. The corporation pleaded guilty to this charge and reached a plea agreement in order to prevent further prosecution. An ATCA case was also filed in which the corporation was accused of war crimes and crimes against humanity (Van der Reijden, 2009).

In agriculture, horticulture and forestry, too, the distinction between capital-intensive and capital-extensive goods is relevant. The extraction, processing and transport of cocoa and bananas require relatively little expertise or knowledge. However, profit margins on some products are so low that only production on a very large scale is profitable. For other products, the industrial use of the product requires a very stable level of quality, which is why Chiquita itself operates banana plantations in countries with poor human rights records.

This analysis shows that, in the case of extractive industries, the risks of becoming involved in international crimes are connected to places where the natural resources are often found: in conflict areas. Furthermore, product characteristics can form an increased risk for the development or continuation of a conflict in which international crimes are committed.

Private Military Industry

Another sector in which the risks are connected to the places where the business is to be found and the nature of the product itself is the private military industry. The services provided by this sector include logistical support, military training, security for persons, installations and buildings and even military operations (Singer, 2002). These corporations prefer to describe their product as 'security', but critics have characterized employees of these corporations as modern-day mercenaries. The sector has experienced rapid growth as a result of the US policy in Afghanistan and Iraq of outsourcing as many military tasks as possible. Several private military firms have been criticized for violent behaviour. The South African company Executive Operations is often quoted as an example because of its conduct in Angola and Sierra Leone (Avant, 2005; Harding, 1997). However, more careful examination shows that these 'commercial warriors' maintained very good contacts with the local population and the corporation has been praised for the help it provided to child soldiers (Lingau, 2008). The accusations against employees of the US corporation Blackwater are more solid. These employees were accused of randomly shooting at civilians, without warning, on a square in Baghdad in September 2007 (Scahill, 2008; Welch, 2009). Although the individual contractors who did the shooting were recently acquitted on procedural

grounds, the company itself is currently being prosecuted for war crimes in a case brought by several victims.[13]

Similar outsourcing can be found in the field of military intelligence. The investigation of the atrocities in the Abu Ghraib prison in Iraq found that two private corporations – CACI International and Titan Inc. – were involved in 36% of the known instances of torture (Chatterjee & Thompson, 2008; Singer, 2005).

Arms Suppliers

Another self-evident example of a sector in which the product can be used for human rights violations is the arms industry. Although not all supplies of arms lead to international crimes, they do when weapons are used against civilian populations. British Aerospace, for instance, was accused of supplying bombers to the Indonesian army, even though it was known that these planes would probably be used to end an uprising against the Indonesian occupation of East Timor (Green & Ward, 2004).

Recently there has been more attention for cluster bombs and landmines, mainly because they cause so many civilian victims. This has resulted in an international treaty against the use of these weapons, which has been ratified by more than one hundred countries. However, the arms industries in several of these countries have been accused of trying to find holes in this treaty, especially in the definitions of prohibited weapons, in order to be able to continue exporting them. The German corporations Diehl and Rheinmetall, for example, manufacture munitions that are very like cluster bombs, but they claim that these do not fall within the treaty's definition of cluster bombs. And legal action has been instigated against a critical journalist that disputed this claim.[14]

The arms industry is not the only industry that has been accused of supplying weapons to dictatorial regimes. There are a couple of cases of alleged arms supplies by corporations not primarily active in arms trading. These transactions were used as a carrot for obtaining concessions to extract natural resources. Besides fuelling Liberia's civil war through his timber trade, the Dutchman Kouwenhoven was also accused of shipping weapons to Liberia for Charles Taylor's regime. This was allegedly done on a ship normally used for transporting timber. Kouwenhoven was acquitted by the Court of Appeal in The Hague.[15] Several oil corporations have also been accused of supply-

13 Supra note 6.
14 www.taz.de, 2 March 2009.
15 Supra note 12.

ing weapons to one of the parties in the Angolan civil war. This was done against the background of the fierce competition to obtain oil concessions in Angola (Frynas & Wood, 2001). And the South Korean corporation Daewoo is said to have supplied military equipment to the regime in Burma in return for a lucrative contract to exploit gas in a recently discovered gas field.[16]

Some private military companies have also been suspected of supplying weapons. They do not seem to have done this to win a contract, but instead as a means of earning additional income. Supplying weapons is not their core business because, although they carry out military operations and need weapons to do so, they do not actually trade in weapons. In 1997 the British/South African company Sandline International supplied weapons to Sierra Leone in violation of the UN embargo, but with the approval of the British Foreign Office (Whyte, 2003). Blackwater, too, is facing fines for trafficking weapons.[17]

Chemical Industry

A classic example of the chemical industry's involvement in international crimes is the German corporation IG Farben's supplying of the poison gas Zyklon B to the extermination camps, where hundreds of thousands of Jews, gypsies and other 'unwanted persons' were killed (Hayes, 1987; Lindner, 2008).

More recently, the Dutch businessman Frans van Anraat also supplied a product for military use in the form of chemicals supplied to the Iraqi regime of Saddam Hussein. Although Van Anraat consistently stated that he thought the precursors he supplied were for civilian use, in reality they were used to produce chemical weapons. These weapons were used against civilian targets in Iran and Iraq, including the attack on the Kurdish town of Hallabja, where around 1,500 civilians were killed. Van Anraat, who has been sentenced for complicity in war crimes by a Dutch court,[18] was an independent middleman who obtained the chemicals from renowned chemical groups in the US and later Japan (Karskens, 2006). According to a UN report, the raw materials for the poisonous gas used in the war between Iraq and Iran were supplied by several corporations, some of which were Dutch. These corporations have always denied being involved, but the Melchemie group from Arnhem was convicted of supplying phosphorous trichloride to Iraq (Karskens, 2006).

16 Supra note 10.

17 *The Boston Herald*, 13 November 2008.

18 District Court of The Hague, 23 December 2005, Case No. AX 6406; Court Of Appeal of The Hague, 9 May 2007, Case No. BA6734 (both are translated into English, available on http://ljn.rechtspraak.nl).

Financial Sector

As well as supplying or buying products or services, corporations can also provide the capital used – directly or indirectly – in violations of human rights. Investments are increasingly being assessed in terms of their impact on the environment and human rights, and this has created a consumer market for clean and socially responsible investments. Recently, several Dutch and Belgian financial organizations were criticized for their investments in companies involved in manufacturing landmines and cluster bombs and in companies known to violate human rights, such as mining corporations in African conflict areas. ING and Fortis have been accused by a NGOs of investing in AngloGold Ashanti, as have Deutsche Bank and Citibank, while Fortis allegedly also provided a 15 million US dollar loan to Anvil Mining.[19] According to the South African Truth and Reconciliation Commission, bank loans to the South African government played an important role in keeping the apartheid regime in place (South African Truth and Reconciliation Commission, 1998), while several banks were sued under the ATCA for their role in apartheid.[20]

Conclusion

The systematic character of international crimes, which distinguishes them from other violations of human rights, has created certain requirements that have to be met for these crimes to be committed. And there are corporations that can supply the products and services needed either to commit or organize these crimes. The risks involved depend on the nature of the product and the context in which the product is supplied. In some cases, goods or services are 'tailor made' for human rights violations, while in other cases products have a 'dual use'. In other words, the product normally has an innocent, civilian use, but can also be put to a more evil use involving violations of human rights. Examples of the latter include certain chemicals that can be used to produce artificial manure, but also poison gas. The South African Truth and Reconciliation Commission also identified several 'strategic goods', such as oil, weapons and communication equipments, that were needed to keep the economy, and thereby the regime, going and to carry out the politics of apartheid.

19 www.banksecrets.eu

20 In 2002 a group of South Africans, represented by the Khulumani Support Group, sued 20 banks and corporations that had done business in South Africa during apartheid, in a US federal Court . The plaintiffs allege that the participation of the defendant companies in key industries during the apartheid era was influential in encouraging and furthering abuses against black Africans during that time. In the most recent ruling in this case, the US District Court of the Southern District of New York narrowed the claims in the case but allowed the case to continue against Daimler, Ford, General Motors, IBM and Rheinmetall Group (8 April, 2009, 02 MDL 1499, *Lungisile Ntsebesa et al. vs. Daimler et al.*, and *Khulumani et al. vs. Barclays National Bank LTD et al.*).

The risks of involvement in international crimes are often directly or indirectly connected to the product: arms, military services and natural resources, which are often found in conflict zones (or even cause the conflict!). The nature of the involvement is, therefore, connected to the characteristics of the specific industry. This ties in with earlier criminological findings that industries are exposed to specific risks of organizational crime (Huisman, 2001; Needleman & Needleman, 1979).

There are other products that can be used in human rights violations, but in these cases the link is far less obvious. The American IT corporation IBM has been accused of providing the necessary technology for systematic racial discrimination on two occasions in history. During the Second World War the Nazi regime used IBM's Hollerith cards and machines to carry out the administration of the Holocaust (Black, 2001), while during the apartheid regime in South Africa IBM provided computers and developed software to automate the racial segregation.

If the specific risks do not originate in the sector itself, the reason for a corporation's involvement in international crimes is more likely to lie in the nature of the corporation or its employees. The example of IBM, which assisted two of the most evil regimes in industrialized countries in history, is remarkable. In order to understand the differences in involvement we therefore have to consider the individual characteristics of corporations.

5. Criminogenic Organizational Characteristics

Many criminological explanations of organizational crimes can be found in the nature and characteristics of the organization. In many theories the organization is seen as an actor, whose behaviour is somewhat unattached to its individual members. Criminologists sometimes call this the pathology of organizations (Slapper & Tombs, 1999). This idea can also be found in legal doctrines concerning the liability of the legal person (Gobert & Punch, 2003; Stoichkova, 2010; Wells, 1993). It maintains that – for example – it is Shell as a corporation that should be held accountable for involvement in human rights violations committed by the Nigerian police, not the individual Shell employees that called in the police officers (Okonta & Douglas, 2001).

It is not that the individual person does not matter. Of course personal characteristics matter, especially at the top of an organization, where managers have an important impact on organizational culture and, therefore, on the conduct of the individual employees (Shover & Hochstetler, 2002). After major accounting frauds at companies such as Enron, and the credit crunch, a lot of attention has focused on the narcissistic and risk-taking behaviour of managers in large corporations (Braithwaite, 2009; Cools, 2005). However, individuals' positions within the organization, the nature of their positions, the standard operating procedures and organizational culture are also very influential when it comes to how people within an organization behave. This behaviour can differ from their behaviour as a private person, for instance as a member of a church community or sports club.

According to Brants (2007), important similarities can be found between explanations of international crimes and the reasons used to explain corporate crime. These relate to the bureaucratic nature of organizations and the emphasis on attaining goals, where, because of the division of labour, employees do not have to think about their behaviour, managers are focused on targets and the issue of harm is lost in cost and benefit calculations. Victims remain out of sight because of the distance between the conduct and omissions of leaders and the consequences of this distance. These similarities suggest that explanations of corporate crime could also be used to explain corporations' involvement in international crimes.

Profit Maximization

Whether corporate crime is the inevitable result of capitalism is an ongoing debate between organizational criminologists (Nelken, 2002, p. 858). Some say that their striving for profit makes corporations inherently prone to crime (Gross, 1980; Punch, 1996) and the fact that not every corporation displays criminal behaviour is the result of barriers that have been created in the form of rules, controls and sanctions. Globalization, however, provides opportunities to circumvent these controls. Multinational corporations can do business all around the world and can move their production to the least expensive countries, whereas regulation and enforcement are still largely organized at national level. Some criminologists see globalization as a development that increases international corporate crime (Passas, 1999; Snider, 2000). Capitalism is said to show its true nature in the Third World, where controls are often absent in the exploitation of labourers, severe environmental pollution, systematic corruption and even the profiting from repression and war (Slapper & Tombs, 1999).

In some of the cases studied, opportunities for profit would seem to explain why corporations either deliberately or less deliberately accept the risks of becoming involved in serious violations of human rights. How else can we explain why Daewoo would enter into a contract with the Burmese government to build a pipeline for exploiting an oilfield, while knowing that gross human rights violations were committed under a similar contract with Unocal? And some corporate officers are quite frank about their profit motive. When Henry Ford II, chairman of the Ford Motor Company, returned from a trip to South Africa in 1978, when the business sector's role in the apartheid regime was already attracting international criticism, he was very clear about his reasons for remaining active in that country: 'Why are we in South Africa? ... We would not be there were there not an opportunity to make a profit.'[21]

Apart from the extra costs of security and corruption, conflicts and dictatorships also create opportunities in the form of a need for foreign capital, weapons and other strategic goods. Moreover, risks result in higher prices. This is especially true if there is an international trade boycott, as there was during apartheid in South Africa. The US Department of Trade calculated in 1981 that average profits on US investments in South Africa were many times higher than in other parts of the world. Of all the Western economies, South Africa was the one generating the highest percentage profit (Leape, Baskin & Underhill, 1985, p. 161).

21 *Khulumani et al. v. Barclays et al.*, supra note 20, p. 139 (para 275).

Loss Minimization

However, this profit motive does not explain why many corporations – also when opportunities for profit are available and controls are absent – do not risk becoming involved in international crimes.

According to Coleman (1995, p. 363) business is characterized by a 'culture of competition'. This culture can be a motivator for white-collar crime. In addition to attaching great importance to wealth and success, the culture of competition defines the competitive struggle for personal gain as a positive, rather than a negative or selfish activity. Competition is seen not only as a way of building the character and endurance of the competitors, but also as a way of producing the maximum economic value for society as a whole. However, it is not the capitalist striving for personal gain that is the most important incentive, but the fear of losing what has already been gained in the struggle for social wealth. This idea can also be found in applications of Merton's (1968 [1957]) strain theory on corporate crime. Merton explained high criminality figures by the strain that exists between the uniform economic success aspirations and the uneven distribution of legitimate means to achieve these goals among different groups in society. Lower classes are more likely to use illegal means as an innovative way of achieving the culturally induced goal of success. When applied to corporate crime, this means that corporations unable to achieve the capitalistic economic goal of maximum profit for shareholders by legal means are likely to use illegal means (Cohen, 1995; Huisman, 2001; Passas, 1990). Corporate crime is not only caused by the striving for profit maximization, but also by the struggle to minimize loss.

In many of the cases of corporate involvement in international crimes examined, the risk of losing investments that have been already been made appears to be the primary reason why corporations become involved in international crimes. Furthermore, the risks and possible costs of this involvement are often underestimated. It seems that the fear of loss of investments influences the outcome of risk assessments.

This is especially important in the capital-intensive extraction of natural resources such as oil and gold. These areas require considerable investments to be made before profits can be generated. Therefore the pressure to earn back these investments is high. AngloGold Ashanti, for example, bought concessions from the Congolese state mining corporation to extract gold in an area of 8,000 square kilometres back in 1998. Shortly afterwards, a civil war broke out and delayed the start of operations. By the time the area was relatively quiet in 2004, the corporation could not wait to start exploiting the gold. This date proved, however, to be too soon as the rebel movement FNI turned out to be in charge of the area and the corporation was forced to pay them (Prosansky, 2007). Lenahan, the company's Executive Officer of Corporate Affairs,

later stated that 'Events proved that we had got our timing wrong and that, consequently and with the benefit of retrospect, our assessment of the manageability of the risk had been (again on balance) flawed' (Lenahan, 2006, p. 341).

The best documented and most thoroughly analyzed example of such attitudes is Shell's decision to remain active in South Africa in spite of all the accusations by the media and public that the company's presence supported the apartheid regime. Shell's oil interests in South Africa were substantial. Indeed, the corporation was estimated to have been responsible for 20% of the country's total oil imports, of which 5,000 barrels a day were supplied to the South African army.[22] Although these supplies generated substantial profits for Shell, the company's presence in South Africa also had a cost. Widespread protests and consumer boycotts damaged the company's reputation and profits. Some cities in the United States and Europe refused to buy Shell products and declared 'Shell-free zones'. The Governor of the State of New Jersey, for example, decided to end Shell's contract for gas stations alongside highways. Clearly, Shell paid a considerable 'Apartheid Premium' (Katzin, 1995, p. 333). The extreme pressure imposed on Shell convinced others to refrain from trading with South Africa (Van den Berg, 1995, p. 322).

Although striving for profit maximization is often seen as the most important motive, loss minimization was also an important reason for Shell to stay in South Africa. There was also the fear of setting a precedent for Shell's presence in other countries if the company were to give in to the protests (Van den Berg, 1995). Shell was not the only corporation that was criticized in the anti-apartheid campaigns. So, too, was Mobil. So why did Mobil leave, while Shell stayed? According to Katzin this was because of the difference in the outcomes of their cost-benefit analyses. Shell estimated the losses resulting from the boycott to be lower than the profits generated from South Africa. Shell's refinery in the South African city of Durban was especially important because it was indispensable for the group's activities in the rest of Southern Africa. Therefore the costs of staying in South Africa, getting around the trade embargo and investing in public relations were estimated in the long term to be lower than the costs of leaving. 'In this context, the company decided to ride out the boycott' (Katzin, 1995, p. 336).

The cost motive was also important in the financial sector. Despite the ever-growing condemnation of the Apartheid regime, banks stayed in South Africa because of the large loans they had already granted to the country's government. If they withdrew from South Africa, they would never be able to recover their money. It was only when

22 *Khulumani et al. v. Barclays et al. (11 November 2002)* Original Complaint, at 86 (para 317).

the South African economy entered a crisis as a result of the international embargo that the banks stopped their loans. Sir Timothy Bevan, chairman of the British bank Barclays, stated in 1986, after years of ignoring anti-apartheid protests, that 'Barclays shall commit no new money to that country ... until there are changes which confirm an end to the bankrupt policy of institutionalized racial discrimination' (Nerys, 2000, p. 415). This was probably only window-dressing because if the banks had really been worried about racial discrimination they would have withdrawn long before. It is more likely that, because of the crisis, they did not expect to get their money back. While loss minimization was a reason for Shell to stay in South Africa, for the banks it was a reason to leave.

The fear of losing vital property also seems to have been a motive for Chiquita's decision to pay money to the AUC. As profit margins on bananas are low, production costs per product have to be kept down. And this requires production to be concentrated in very large plantations. These plantations demand large investments in infrastructure and technology. The conditions for large-scale banana plantations are only sufficiently present in a limited number of countries around the Equator. These countries rarely have stable and democratic economic climates. Columbia, for example, has been tumultuous for the entire eighty years in which Chiquita has been present in the county. Because governmental controls were often weak in the areas where the plantations were situated, Chiquita was used to paying local authorities (or rebel groups) for security. Columbia has the plantations that are most important and profitable for Chiquita. Not paying the paramilitary groups was not, therefore, an option (Bucheli, 2005; Van der Reijden, 2009).

Fear of losing is not always connected to investments that have already been made, but can also arise from other threats to the attainment of corporate goals. Competition from Anglo-American oil corporations, for example, was a significant obstacle to Elf's reaching the targets that the French government had set for oil contracts. To secure its oil interests in Angola, the company therefore decided to provide financial support to both sides in the conflict (Frynas & Wood, 2001). Something similar could have played a role in Anvil's decision to call in the army when local protests halted production. The corporation, which was new in the area, had planned to exploit the mine in order to become a mid-tier producer of copper.[23] This could explain the panic reaction that subsequently caused the corporation so many problems.

The above analysis shows that there is a difference between situations in which corporations become involved in international crimes because of earlier investments and

23 www.anvilmining.com, fact sheet on Dikulushi Mine.

situations in which they consciously make a decision that can lead to their becoming involved in international crimes. In the first case, fear of losing investments seems to be the most important motivator, while in the second case opportunities for profit seem to be dominant.

Self-control, Organizational Culture and Normalization

Profit maximization, loss minimization or threats to the attainment of goals can be reasons why organizations get into situations in which they are accused of involvement in international crimes. These motives at the corporate level, however, do not explain how managers or other members of an organization come to such decisions. Empirical research shows the limits of the rationality of decision-making within organizations, especially when the outcome of these decisions is organizational crime (Huisman & Beukelman, 2006; Simpson, Piquero & Paternoster, 2002). Simpson et al. still ascribe a certain degree of rationality to decision-making on strategic and extraordinary issues concerning the corporation as a whole, such as the decision to start or continue activities in countries where international crimes are committed.

Other academics emphasize that the organizational decision-making processes and their outcomes are heavily influenced by the subcultural setting in which they take place. Some characterize corporations as 'subcultures of structural immoralities' (Box, 1983). In organizational sciences, the phenomenon of corporate culture is seen as having a strong determining influence on the behaviour of corporate agents (Schein, 1992). Criminologists often see this influence as being criminogenic. Corporate cultures are 'subcultures that create the opportunity to deviate from the rules of society while considering the deviation acceptable or even desirable' (Coleman, 1987, p. 422).

The socializing effect of the corporate culture is largely attributable to the model behaviour of leaders. They have the greatest influence on the culture, but are also the most influenced by the culture. Making a career within the corporation requires employees to behave according to the unwritten codes of the corporate culture. Because of the lack of empirical research within corporations that have been accused of involvement in international crimes, we can only look at the signalling behaviour of these leaders and assume that this also says something about the corporate culture.

It is extremely hard to determine or pinpoint a corporate culture. A socially responsive culture can partially be derived from codes of conduct and other displays of social responsibility (Huisman, 2001), such as participating in initiatives to stimulate social responsibility like the UN Global Compact initiative, which focuses on human rights. Some of the corporations referred to above do not pay any attention to social responsibility. Others meanwhile do seem to attach value to these norms, which makes it

all the more surprising that they have been accused of involvement in international crimes. AngloGold Ashanti, for example, is a member of Global Compact, the World Gold Council and the International Council on Mining and Metals and should, therefore, adhere to the principles of these organizations, including the duty to protect fundamental human rights. AngloGold Ashanti has also incorporated the principles into its own ethical code. Unless this is mere window-dressing, one would not expect the corporate culture of AngloGold Ashanti to allow a rebel group that commits gross human rights violations to be paid money in return for the corporation being able to exploit a gold mine. But that is exactly what happened. As Steven Lenahan, Executive Officer of Corporate Affairs, commented about the payments to FNI, 'We knew, at that time and now, that this was quite obviously inconsistent with both our own business principles and commonly accepted conventions for the protection of human rights' (Lenahan, 2006, p. 341).

There are more examples of corporations diverging from their own conduct of business rules or principles and becoming involved in international crimes. A collaboration of NGOs investigated the risk for banks of investing in corporations that violate human rights or labour rights, support military juntas or violent conflicts, destroy flora and fauna, produce weapons or cause environmental damage. This analysis found several banks to have acted in violation of their own codes of conduct and business principles.[24]

How can we explain why corporations deviate from their own standards and culture? Corporate criminology research provides many examples of extraordinary situations that require extraordinary measures (Passas, 1990, p. 173; Vandivier, 2002; Vaughan, 1996). Extraordinary circumstances can justify a one-time deviation from the norm or the lowering of an ethical standard, after which the normal standard is put back in place. However, if the extraordinary situation continues or recurs, the deviation can become normalized. If the problem recurs, the deviation from the norm can be accepted again and again, and the deviation then becomes the new norm. This new norm will in turn also be used in situations in which the original justification does not apply. In that way deviant behaviour becomes the standard operating procedure.

A leaked report of an internal audit clearly shows how Shell's subsidiary in Nigeria developed standard operating practices that were in violation with the companies policy and guidelines and that exacerbated violent conflict with local communities. For instance, when visiting local communities, Shell personnel regularly used security es-

---

24 www.banksecrets.eu

corts by the same police outfits that were known to have destroyed villages and killed villagers on many occasions (Shell, 2003a).

Another example of normalized deviance is provided by the French oil corporation Elf, three former managers of which have been criminally prosecuted for corruption. In two long interviews in *Le Figaro* and *Le Parisien*, Elf's former chairman, Le Floch-Prigent, showed the systematic way in which Elf paid large bribes to obtain oil contracts from African statesmen involved in civil wars in which human rights violations were committed (McMillan, 2005). Both President Mitterand and the then prime minister Chirac knew of these bribes, *inter alia* because Le Floch-Prigent went each year to the Elysée Palace to explain the annual reports, including 'commission paid'. Bribery had become the standard operating procedure and was also seen as necessary in order to outbid the competing oil corporations and to secure French interests. Le Floch-Prigent later stated that 'Elf was an enterprise which distorted the sense of reality'.[25]

A similar situation can found in the Chiquita case. After over eighty years of doing business in Columbia, the company considered it normal to pay the local party that was in power, of which AUC was the most recent example. Chiquita representatives presented the payments as the inevitable costs of doing business in Columbia.[26] It was only when the AUC was included on the US list of terrorist organizations that Chiquita stated that the payments were an exception: 'the extreme situation stands on its own'.[27] Normally, the corporation would never become involved in a situation like that, but Colombia was different. According to top manager Aguirre, "These lands were lands where there was no law. It was impossible for the government to protect employees.'[28]

Multinationals accused of involvement in international crimes are often in permanently extraordinary circumstances. Corporations that are active in conflict zones in countries with corrupt regimes or where human rights are systematically violated could believe their conduct should be judged on different standards from those applying to business done in the developed world. They could argue that their way of operating is 'normal' in the countries where they operate. In other words, business as usual.

25 Schofield, H. Elf trial reveals moral vacuum, BBC News, 24 April 2003, http://news.bbc.co.uk/2/hi/europe/2973267.stm
26 Brodzinsky, S. Colombia: Chiquita case puts big firms on notice, *CorpWatch*, 11 April 2007, http://www.corpwatch.org/article.php?id=14457
27 www.chiquita.be/nlnl/chiquita_webstatement.pdf (visited 2 April 2009).
28 The Price of Bananas. CBS News, 9 August 2009, http://www.cbsnews.com/stories/2008/05/08/60minutes/main4080920.shtml?tag=contentMain;contentBody

6. Neutralization Techniques

This brings us to the rationalizations that corporations and their agents use to justify involvement in international crimes. In their classic article, Sykes and Matza (1957) showed how juvenile delinquents use techniques to neutralize the seriousness and culpability of their behaviour. A neutralization technique is in essence a reasoning that allows people to violate laws or other normative standards without having to consider themselves to be deviant or criminal. Although people breaking the law will try to condone their behaviour, neutralization techniques are deemed especially important in corporate crime (Maruna & Copes, 2005; Slapper & Tombs, 1999). Most likely, managers of large international corporations see themselves as respectable, law-abiding citizens. They went to university, made careers for themselves and are likely to come from the middle or upper classes of society. Being involved in gross violations of human rights will be far from their self-image. To sustain this self-image of being respectable entrepreneurs or managers they will have to justify their involvement, both to themselves and to others. If their involvement cannot be denied, they will look for rationalizations to make the involvement look acceptable. Because managers of corporations feel more committed to the normal normative structures than others who break the law, they are the ones who will need these techniques the most.

Coleman (1987, 1995) and Benson (1998) studied the neutralization techniques that white-collar offenders use to justify their crimes. These can also be seen in the statements made by corporate executives in the media or during legal proceedings following accusations of involvement in international crimes.

Denial of Harm

An often-used neutralization technique in organizational crime is the denial of harm (Coleman, 1995). If there is no damage or no victim, there was no wrongdoing. Corporate crime is sometimes described as 'victimless crime' and this argument is, therefore, often easy to make. It is not that there are no victims, but rather that the victims are often not very visible. Consumers, for example, can be unaware that they are paying a price that is too high as a result of illegal price-fixing or that they are slowly becoming ill because of toxic ingredients in products. It is harder to sustain this neutralization in the case of international crimes. Modern media mean that victimization resulting from serious and systematic violations of human rights is very visible: bodies of dead civilians, raped women, mutilation, evidence of torture, desperate families of missing persons and so on. The accused corporations have rarely denied harm; they all recognized that serious human rights violations had been committed. The only excep-

tion was Talisman, which claimed that the area where people were forced to leave their homes in order for an oil pipeline to be built was uninhabited (Christian Aid, 2001). A Talisman spokesperson also initially stated that there had been no forced migration, while the corporation later admitted that people had been forced to migrate by the government for the sake of oil exploitation. According to Talisman, however, these people received compensation from the government and the oil consortium, whereas witnesses stated that inhabitants were forcefully and violently eradicated (Gagnon & Ryle, 2001).

Denial of Involvement

A corporation's responsibility for the human rights violations that were committed is almost always denied. This neutralization technique is used because the corporations are rarely the physical perpetrators of the human rights violations, and it is particularly useful when the distance between the corporation and the crimes is large. The Swiss corporation Metalor did not deny that the gold extraction in Congo was controlled by rebel groups that committed serious human rights violations. However, it did deny that the gold the corporation bought in Uganda came from these areas in Congo.[29] Similarly, large cocoa corporations did not deny that the warring parties in the Ivory Coast were funding the war with revenues from cocoa cultivations, but they did deny that the beans they used came from this area, even though 40% of global cocoa production is from the Ivory Coast (Oxfam, 2002, p. 5).

Emphasis on Positive Effects

Faking ignorance is not very credible if corporations are physically present in countries where international crimes are being committed and they have direct contact with the parties committing these crimes. Instead, these corporations often emphasize the positive effects of their presence. The harm that the human rights violations cause and the corporation's involvement are not denied, but the profit and loss account is turned positive. The departure of the corporation will have a far worse effect on the local population than the effects of staying, even if the corporation faces the risk of facilitating international crimes.

AngloGold Ashanti, for example, did not deny it had provided money, transport and housing to the rebel movement FNI in Congo. However, it emphasized that if it had not been there, a stable economic exploitation of natural resources would be impossible and there would be little hope of a better future for the inhabitants of the Ituri

29 http://www.metalor.com/en/Metalor/News/Metalor-and-the-Democratic-Republic-of-the-Congo

province (Lenahan, 2006). Jim Buckee, CEO of the Canadian corporation Talisman, claimed that the oil revenues that Talisman generated for the Sudanese government could be used for social facilities in the area (Katsh, 2000). This totally ignored the fact that the Sudanese government did not share any of these oil revenues with the inhabitants.

Corporations active in South Africa during the apartheid regime also tried to neutralize criticism of their presence by emphasizing the positive effects of their being there. They tried to gain the goodwill of the public and critics by showing how they tried to help the lowest and most discriminated groups in South Africa develop through special programmes and the job opportunities that their presence provided. When Shell was heavily criticized by anti-apartheid campaigners, chief executive officer Van Wachum stated that there was no problem because Shell's presence was beneficial for all South Africans (Van den Berg, 1995). Another example is the anecdote told following the visit of a (black) chairman of the US Congress's House Subcommittee on Africa to the General Motors plant in South Africa. He asked the director, 'Doesn't it turn your stomach that I (...) as an American, in an American plant, would have to use a segregated facility?' The director responded, 'Whether my stomach is turned or not is not important. [Our] company, in being here, is doing a useful service to all persons here. The job opportunities we provide could not be provided without us' (Morgan, 2007).

A variation on this form of neutralization is the argument that the corporation, by being there, prevented warring parties or an oppressive regime from committing harm. Entrepreneurs, for example, were very keen to tell the South African Truth and Reconciliation Commission about how they resisted the apartheid regime (South African Truth and Reconciliation Commission, 1998). Sometimes this argument is followed by an implicit warning: if we quit our activities, the Chinese will take over. The Head of the Corporate Social Responsibility department at Fortis told one of my students that 'Financial service companies like Fortis knew at that time that if we did not invest in harmful corporations, the investments would be made by, for instance, Chinese financial institutions with fewer principles on social and environmental issues' (Hulst, 2009). There is a reality in this reasoning: when the Canadian oil corporation retreated from Sudan as a result of public pressure by human rights organizations and a criminal investigation by the Canadian government, its place was taken by the Chinese state oil corporation CNPC (Traudes, 2008). Jim Buckee also used this neutralization technique: Talisman was 'just a business' whose interests would be taken over by another oil corporation if it were to leave (Katsh, 2000, p. 3).

Corporation Is the Victim

Another way of neutralizing harm is to line up with the victims. Chiquita did this when it presented itself as a victim of AUC extortion. Chief Executive Aguirre declared to the American news station CBS that, 'These were extortion payments. Either you pay or your people get killed.' Therefore the corporation could not be blamed; it had not had a choice. As Aguirre put it: 'These groups were funded with hundreds of millions of dollars. They had the guns, they had the bullets. So I don't know who in their right mind would say, "Well, if Chiquita would have stopped, these killers would have stopped." I just don't see that happening. ... The responsibility of any murders is the responsibility of the people that made the killings, of the people who pulled the trigger.'[30]

Obeying the Government

Another way to deny responsibility is to state that the corporation had to adhere to national laws or obey the local authorities. This rationalization was used by corporations in South Africa, which stated that responsibility for Apartheid was with the South African government and that corporations were only concerned with business. Several corporations stated they had no choice but to collaborate in the socio-political context of the country. Former Shell executive Wagner declared that, for a multinational, complying with local rules was an inevitable element of doing business (Van den Berg, 1995, pp. 308-309). This vision meant Shell could stay loyal to the apartheid regime.

In a more recent example, Anvil Mining declared that the governor of Katanga and the Congolese army had ordered the corporation to provide logistical support to suppress an uprising in Kilwa. The corporation emphasized that it had merely obeyed the national rules, and was forced to do so by the local authorities.[31]

Everyone Does It

Another often used way of deferring responsibility for corporate crime is to argue that everyone does it. Coleman (1995) describes this in more academic terms as the 'transfer of responsibility from the offender to a large and often vaguely defined group to which he or she belongs.' The behaviour is not denied, but the culpability is weakened by the claim that other corporations in the same sector or the same country are behav-

---

30 Supra note 28.
31 www.anvilmining.com, Fact sheet on Sustainability & the Kilwa Incident.

ing in the same way. It is not one manager or corporation, therefore, that is responsible, but the group as a whole.

This reasoning is also used to neutralize involvement in international crimes. Former Elf executive Le Floch-Prigent, in reaction to the prosecution of the corporation for bribing African dictators, stated that all his predecessors did exactly the same as he did and that all his successors would do the same. 'We are here to take our responsibility. I will do my best to take mine, but I do not want to be the only one who does so.'[32]

In response to criticism of the deal with the Burmese military junta to exploit a recently discovered oilfield, a Daewoo International representative emphasized that the corporation was not the only one doing business in Burma. Corporations from many other countries were doing the same. Sometimes, responsibility is shifted to a specific party, instead of to the group as a whole. The Indian state gas corporation ONGC denied all responsibility, reasoning that it was Daewoo, not ONGC, that was the chief operator of the gas field. ONGC seems to be using this explanation to portray Daewoo as the corporation making the important decisions (Knoers, 2009) so that it (ONGC) cannot be held responsible.

Appeal to Higher Loyalties

Another way to reduce culpability for violations of rules is to appeal to higher loyalties. In the context of corporate crime this is often employment or economic interests. Corporations involved in international crimes often refer to employee safety, the need to secure investments or, as already indicated, the positive influence that the corporation's activities have on economic development and democracy in a country. Chiquita claims to have had good intentions in paying the AUC: the security and safety of its employees.[33] When Daewoo was challenged about its Burmese investments during the violent repression of protests in September 2007, the corporation's spokesperson reacted as follows: 'We have gas fields under production and three other fields under exploration, which are all long-time investments. They can't be easily changed because of domestic issues. Politics is politics. Economics is economics. Many countries, including the US, France, India, China and Russia, are currently either exploiting or exploring oil fields/reserves in Myanmar. These are long-term plans, and they can't be impacted because of the protests'.[34] Christophe de Margerie, the current chief executive of the French oil corporation Total, which is also active in Burma, recently added

32 Elf funds went to French parties. *BBC News*, 7 April 2003, http://news.bbc.co.uk/2/hi/europe/2926335.stm

33 Supra note 28.

34 Daewoo says no plan to change Myanmar investments. *International Business Times*, 28 September 2007.

'I am bringing gas to Thailand. Bangkok was the world's most polluted city. They switched from oil fuel to gas. Bangkok is clean now. We are proud of being part of this.' When asked about the human rights organizations criticizing Total's presence in Burma he simply said 'They can go to hell'.[35]

Condemnation of the Condemners

This remark by De Margerie is an example of the final form of neutralization: returning the accusation. In other words, portraying those parties that want to accuse the corporation as being wrong themselves. The corporation may argue that boycotts in particular and other measures can cause more harm to actual and potential victims than good. This argument is also connected to the idea that corporations do good in countries with a repressive regime or civil war. Forcing corporations to leave or stop their activities damages employment and economic development and removes the stabilizing factor and counterbalance against the evil regime.

In 1989, the Association of West European Parliamentarians for Action against Apartheid sent a letter to all banks that were in debt negotiations with the South African government.[36] In a written response, Credit Suisse and Commerzbank condemned apartheid, but followed this by claiming that economic sanctions were not the right tool in the battle against apartheid.[37] It is not only banks that hold this opinion. IBM, too, believed that 'the destruction of jobs of both blacks and whites by withdrawal from South Africa would be morally untenable' (First, 1973, p. 154).

In the lawsuit against Chiquita we see two more techniques being used against the condemners. The first one is: you cannot judge me because I brought all the facts out myself. CEO Aguirre, for example, stated to CBS: 'What I know is, all the data shows that the company, the moment it learned that these payments were illegal in the United States, that's when they decided to self-disclose to the Department of Justice … . If we hadn't gone to the Justice Department, we probably would not be here talking about this whole issue. No one would know about this'.[38] The second technique is to claim that prosecuting a corporation makes the corporation a victim for the second time. Chiquita's director of communications declared to CNN that the company would fight the lawsuit instigated by the victims because it had already been a victim

35 Total Chief: Critics Can Go to Hell, *The Irrawaddy*. 4 August 2009.

36 Response from AWEPAA to banks (4 October 1989, Amsterdam).

37 Response from Credit Suisse to AWEPAA (26 October 1989, Zurich); Response from Commerzbank to AWEPAA (3 November 1989, Frankfurt).

38 Supra note 28.

of extortion in Columbia and did not want to become a victim of extortion in the US as well.[39]

After-the-Fact Rationalizations?

What is the explanatory value of these neutralization techniques for the occurrence and continuation of corporate involvement in international crimes? According to Coleman, who analyzed the neutralization techniques of white-collar criminals, neutralization is not just an excuse that was made up after the fact to justify behaviour. '... techniques of neutralization are not just *ex post facto* rationalizations – they are available to the potential deviant before the offence actually occurs and form part of the motivation for the original act' (Coleman, 1995, p. 366).

The above statements by executives were usually made after the corporation had been accused of involvement in gross human rights violations, and often in the context of an (imminent) lawsuit or criminal investigation. This raises the question of whether the neutralizations presented were an intrinsic part of the individual motives of those involved, or whether they were used as absolving excuses in order to minimize illegality and culpability. This message can be aimed at the judicial authorities, but also at shareholders, lenders, buyers and consumers, in order to prevent reputational damage and loss. In other words: are these after-the-fact rationalizations or were they taken into account in the risk assessments, the outcomes of which led to the corporation's involvement?

The fact that we only hear these arguments after the corporation was accused does not mean the arguments were only for the judges, stakeholders, critics or media. After-the-fact rationalizations can also be an indication of effective normalization of situations that others regard as culpable involvement in human rights violations. Why would a corporation seek to neutralize its behaviour if the perception is that the corporation acted according to expectations and standard operating procedures?[40]

39 Colombian families' suit says Chiquita liable for torture, murder. CNN, 14 November 2007, http://www.cnn.com/2007/US/law/11/14/chiquita.lawsuit

40 There is one very clear example of neutralizations before the fact. Several corporations have signed a contract with the Burmese state gas company to exploit a recently discovered gas field. Although no international crimes have yet been committed, the chances that these crimes will occur and that corporations will be accused of involvement in these crimes are very high. Just like in the case of the Yadana gas field, the pipeline has to be built through a populated area. NGOs have already expressed fears about possible gross violations of human rights. The signing of the contract was also followed by the September 2007 protests in Burma, which were violently repressed. When confronted with these concerns, a senior executive of one of the corporations involved, the Indian state company GAIL, reacted by saying, "What they do is their business. We hope they proceed by international laws, ethics and norms" (Pepper, D. Myanmar: In harm's way. A proposed pipeline in Myanmar has farmers worried about their land and human rights activists up in arms. *Fortune,* 20 November 2006).

7. Relationship with Governments

A danger of focusing on criminogenic organizational characteristics is that we lose sight of the fact that corporate crime does not exist in a societal vacuum. Vaughan emphasized the importance of interaction between organizational and contextual conditions in the occurrence of organizational crime (2007). One of the contextual conditions is the government. In heavily regulated industrial societies, governments have a role in practically every instance of corporate crime (Huisman, 2007). Governments should primarily have a restraining effect on corporations' criminal conduct by setting rules, enforcing these rules and punishing violations of these rules. If organizational crime occurs, this restraint would appear not to have functioned properly. Therefore, government shortcomings contribute to the occurrence and continuation of corporate crime.

Governments have also played an important role in the cases of the corporations involved in the international crimes that we analyzed. The roles that governments played in these cases are, however, different from the role described above for two reasons. Firstly, there is more than one government, while secondly a government can have several different functions for a corporation.

As all the cases we analyzed involve multinational corporations, at least two governments are relevant in each case: the government in the home country and the government in the host country. The home country is the country in which the corporation is registered, although its head office may be situated in a country other than the country in which taxes are paid. The host country in these cases is the country where the corporation is active and where the international crimes in which the corporation is involved are committed.

Governments of Host Countries

The host countries in which the corporations in the cases analyzed operate are all developing countries where international crimes are committed in the context of an armed conflict or dictatorial regime. Several countries, such as Sudan, Congo and Angola, score high in the Failed State Index.[41] 'A failed state is one that has few or no functioning state institutions that can confer identity and assure security to the population. In the process, the government loses its legitimacy, both nationally and

41 www.foreignpolicy.com

internationally' (Francois & Sud, 2006). In a failed state the basic functions of a government are no longer performed.

The situations in such host countries create risks and costs for corporations: the infrastructure is rarely adequate and has to be put in place by the corporation, while personnel and equipment have to be secured and corrupt authorities have to be bribed. Furthermore there is a risk that doing business with the repressors will result in reputational loss.

Then why do corporations choose to operate in or do business with these countries? Although many of these countries are poor, they are rich in natural resources and can provide concessions to corporations wanting to exploit these resources. Countries needing foreign capital, fuel or strategic goods also have other ways of making themselves attractive to foreign corporations. Developing countries have poor infrastructure and their undemocratic authorities, corruption and lack of security mean they are unattractive, but they can try to compensate for this by imposing few rules and low taxes – a method referred to as 'competitive deregulation' (Passas, 1990) – or by chasing away the population that could obstruct the extraction of the natural resources.

Governments of Home Countries

The home countries of multinational corporations are very different. In most of the cases analyzed, these countries are rich Western or Asian countries. In some other cases, the home countries are rapidly developing countries such as China and India, where state-owned entities do business with dictatorial regimes in Burma and Sudan in order to gain access to gas or oil. In these cases, business and political interests can be seen to merge: acquiring the fuels is vital for these fast growing economies. However, the French corporations Elf and Total also functioned as an extension of France's foreign policy (Resseler, 2009). France founded the two corporations (which later merged) in the period of decolonization after the Second World War as a means of securing oil shipments from oil-rich African countries and thereby the independence of France. In seeking to achieve this goal, the corporations were involved in corruption on a large scale and financed warring parties, while French officials were even willing to arrange arms deals in return for oil contracts. Elf's former chairman, Le Floch-Prigent, claimed in response to the accusations that he had received direct orders from President Mitterand.

Concessions

These multiple governments can have different roles with respect to the corporations. Some of these roles are traditional governmental roles, such as granting concessions for

the exploitation of mines, oil or gas fields or forestry activities. These concessions are bought and paid for, like the oil corporations did in Angola and Sudan and the timber corporation OTC did in Liberia. In some cases this role may be performed by rebel paramilitary groups that control a certain area, as in the cases of AngloGold Ashanti and the FNI in Congo, and Chiquita and the AUC in Columbia. As it can be hard to assess whether these groups represent a legitimate authority, the distinction between payments of this kind and extortion can blur or vanish.

By paying for concessions, corporations may contribute to the crimes committed by the receiving parties. In a best-case scenario, this results in their contributing to corruption if the money disappears into the pockets of politicians or other leaders. The concessions market is extraordinarily sensitive to corruption, as the payments made by oil corporation Elf to senior officials in oil-rich African countries demonstrate. As former Elf chairman Le Floch-Prigent put it, 'So the money went to the names that the heads of these countries designated. If it sometimes ended up in an orphanage then I am very happy. But let's say it didn't always end up in an orphanage'.[42] According to the UN panel of experts, OTC's payments for timber concessions and taxes went directly to the private bank account of former Liberian President Charles Taylor. Indeed, in a radio show, Taylor openly stated that OTC was his 'pepperbush'.[43] In a worst-case scenario the revenues are used either to fund armed conflicts in which international crimes are committed or to keep a dictatorial regime that commits these crimes economically viable.

There is one more connection between concessions and international crimes. In several cases, corporations have turned out to be willing to supply arms in order to acquire oil or gas concessions. Executives of Daewoo, for example, have been criminally prosecuted in South Korea for illegally supplying military material and technology to the Burmese junta. In return the corporations hoped to be able to sign a deal to exploit a recently discovered gas field.[44] The French government in turn secretly supplied arms to the MPLA in Angola, with these transactions being funded by Elf (Shaxon, 2007). Elf was not the only corporation to receive oil concessions in return for arms. When new oilfields were discovered on the Angolan coast, the MPLA did not grant concessions to the large oil corporations, but instead to the smaller, less experienced corporations that had ties with arms dealers (Hodges, 2001). It appears that the MPLA was more concerned about obtaining arms than ensuring professional exploitation of the country's oilfields.

---

42 Supra note 25.

43 OM (2006). *Requisitoir van het Openbaar Ministerie in de strafzaak tegen: Augustinus Petrus Maria Kouwenhoven.* Case no. 09/750001-05.

44 Supra note 10.

Regulation and Enforcement

The second traditional governmental task is that of legislator and enforcer. Governments can facilitate corporations' involvement in international crimes, especially if controls are lacking. This is very likely to happen in situations where a government or its representatives are the perpetrators of international crimes. In those cases the government has no reason to prevent or take action against corporate involvement in these crimes. However, home-country governments may also show very little interest in the damaging behaviour of its corporate nationals abroad (Kyriakakis, 2007, p. 816). The Dutch and Australian criminal prosecutions of Kouwenhoven and Anvil are exceptions in this respect. In most other cases, home countries took no action against corporations' involvement in international crimes. On the contrary, home countries sometimes tried to prevent action being taken against these corporations. The Canadian government exerted diplomatic pressure on the US government to stop the lawsuit against the Canadian energy concern Talisman, which was accused of complicity in crimes committed by the Sudanese army.[45] In France, the legislation enabling bribes to be deducted from tax was only amended after the heavy pressure that followed the Elf corruption scandal (Resseler, 2009). Whyte (2003) accused the British legislator of contributing to the expansion of an industry closely linked to human rights violations in its drafting of a bill to regulate private military firms.

Governments can fall short in their regulation and enforcement, but they can also use these instruments to initiate or facilitate corporations' involvement in international crimes. The South African government passed legislation that enabled corporations to circumvent the international trade boycott by guaranteeing the secrecy of transactions with the government (Klinghoffer, 1989; Landgren, 1989). Other countries have criminalized protests against damaging behaviour of corporations, as Papua New Guinea did for the mining company Ok Tedi (Harper & Israel, 1999). This can result in criminal prosecution of civilians who resist the activities of corporations. The case against Ken Saro-Wiwa and other MOSOP members in Nigeria is a clear example of this (Green & Ward, 2004, p. 34).

The latter example shows that a country's judiciary cannot be relied on if it is not independent of and is actually controlled by the political rulers. The Nigerian court sentenced Ken Saro-Wiwa and eight others to death in a sham trial. Although it may seem surprising that a Congolese military court charged several Anvil Mining expatriates with complicity in international crimes, the criminal trial was frustrated by the

45 Larry Neumeister: Judge lets Talisman genocide case proceed despite warnings from Canada, *The Canadian Press*, 2 August 2007.

government and the army, while witnesses were intimidated and the prosecutor was placed under house arrest. As a result, the expatriates were subsequently acquitted (Global Witness, 2007b; McBeth, 2008).

Monopoly of Force

The final traditional role of a government is that of providing security. In quite a few of the cases in which corporations have been accused of involvement in international crimes, these crimes were committed by police officers or soldiers engaged in protecting the corporation's personnel and property (International Commission of Jurists, 2008; Kaeb, 2008, p. 331). Sometimes corporations pay for this protection. In Nigeria, an employee of the oil corporation Chevron was allegedly seen paying soldiers after they had shot several protesters.[46] Nigeria has set up several police units to protect oil corporations and their installations. These units are known for their violent behaviour and human rights violations and are referred to locally as 'kill and go' forces. Shell was accused of having called in these forces on several occasions. In 1990 police killed eighty civilians and burned or damaged almost 500 homes after being called in by Shell.[47] The indictment also referred to an incident in 1993 when Shell allegedly called for assistance to deal with protests against the construction of pipelines. In the presence of Shell employees, police officers allegedly shot peaceful civilian demonstrators.

A similar court case is currently underway against Exxon Mobil. This US energy group is reported to have hired at least 3,000 soldiers in the Indonesian army to protect its installations after employees were abducted and the company's buildings and vehicles in Aceh province had been attacked. While looking for the perpetrators, the security forces allegedly committed murder and rape and tortured innocent civilians (International Center for Transitional Justice, 2008).[48]

Corporations do not always have to pay for protection by police or army units. Indeed, protecting the corporations and suppressing protests is most often in the interests of the government itself because, for instance, corporations provide foreign capital or political legitimacy or enable leaders to make large profits, particularly if the government itself has business relationships with the corporation.

46 *Bowoto v. Chevron Corp*, US Ninth Circuit Court of Appeals, No. 09-15641.
47 *Wiwa v. Shell*, US Circuit Court for the Second Circuit, 14 Sep 2000.
48 Martelzaak achtervolgt Exxon, *Trouw*, 10 March 2006.

Government As a Customer

Alongside the traditional roles of governments, there is a second category of roles through which corporations can become involved in international crimes committed by governments. In the first variant, the government is a customer of the corporations, while in the second the government is a private partner. The fact that governments need goods and services to conduct a civil war, to repress a population or, more generally, to maintain a dictatorial regime has already been discussed. International crimes can then be facilitated by weapons, chemicals, vehicles, technology, consultancy services, capital and other goods or services provided by corporations. In the case of private military corporations, this role can also be turned around, with the 'dirty jobs' being outsourced to corporations. Blackwater, for example, allegedly shot innocent civilians while carrying out missions for the US State Department, while it recently became known that the CIA had hired the corporation, allegedly to assist with clandestine murders of individuals believed to belong to Al Qaeda.[49] Employees of the American corporations CACI and Titan were involved in 36% of the registered instances of torture and abuse in the Abu Ghraib prison in Iraq, as previously noted, and one of these employees is currently being tried in the US (Singer, 2005).

Government As a Business Partner

The relationship between governments and corporations is even closer if they are business partners. Corporations and public agencies can instigate a formal collaboration, for example to build a pipeline or to exploit an oil or gas field. To ensure they have enough influence in such a project, or are able to directly profit from the enterprise, governments often decide to carry out such projects in a joint venture. When a government in a joint venture commits international crimes relating to this joint venture, the involvement of the government's commercial business partners is almost inevitable, as in the case of the joint venture between Unocal, Total and the Burmese state corporation to build a pipeline to transport gas from the Yadana gas field. The two corporations were criticized for their involvement in the project when the Burmese army committed serious human rights violations to depopulate the area where the pipeline was to be built.

Corruption

Corruption can help secure the interests of corporations in all these possible governmental roles, but particularly if there are shared commercial interests. Corporations

49 C.I.A. Sought Blackwater's Help to Kill Jihadists, *The New York Times*, 19 August 2009.

seem to be sensitive to corruption, especially in countries that are highly dependent on income from exports of natural resources. This is essentially because of the discretionary scope available to government officials in the form of administrative expenses, combined with a lack of supervision (Le Billon, 2005, p. 12). 'The state becomes less of a rational manager of resources and behaves more like a protection racket' (Hayman, 2009, p. 55). The (destructive) power of these parasitizing elites can be amplified if corporations become involved with corrupt governments or officials, with payments to government representatives contributing to the culture of corruption in a country (Ballentine, 2007, p. 128).

Corruption is a serious problem in developing countries, especially in countries where international crimes are committed. There is a strong correlation between countries with a high score in the Failed States Index and countries that are high in Transparency International's list of corrupt countries. Bribing government officials is often seen as unavoidable when doing business in developing countries (Bantekas, 2006, p. 467). A director of the former aircraft manufacturer Fokker told me that doing business in Africa always started with offering a Fokker Friendship to the president (Huisman, 2001). It is even possible that corporations decide where to do business based on whether they can bribe officials, as was the case with the French corporation Elf. Business relationships between state agencies and corporations can even be structured to provide benefits to officials and their networks in lieu of direct payments (Lambsdorff, 2002).

Corruption can be seen as a cause, but also as a result of corporate involvement in international crimes. It is the cause when concessions to exploit natural resources are obtained through bribery and this money is used to fund a civil war, but it can be the result if a corporation's economic support of a repressive regime also leads to personal enrichment of the regime's leaders. Corruption can also contribute to human rights violations in a more direct manner: corrupt relations between government officials and corporations affect the constitutional state and fair distribution of economic wealth (International Council on Human Rights Policy, 2009).

To secure the illegitimately obtained profits of corporations, local leaders can prevent democratic control of their conduct and claim control over the extraction areas. The uneven distribution of income from the exploitation of natural resources can cause protests and conflict among the population, and this can lead to violent repression and gross human rights violations (Le Billon, 2005, p. 22). An example of this is Nigeria, where most of the profits from the oil extraction go to the corrupt political elite, while the burden is carried by the local population in the form of serious environmental pollution and the expropriation of land. Reactions to protests against this injustice often involve violations of human rights. Shell admitted that its way of doing busi-

ness has increased corruption in Nigeria (2003b). Because of this causality, Bantekas proposed qualifying corruption as a crime against humanity in these situations (Bantekas, 2006, p. 467).

Controversially, but interestingly, Le Billon also points to possible positive effects of corruption in situations of armed conflict: 'buying off' belligerents can facilitate a transition to peace (Le Billon, 2003).

State-Corporate Crime

The roles and functions of governments vis-à-vis the corporations discussed above indicate a strong degree of cooperation or intertwining of the interests of corporations and governments. For those forms of corporate crime where corporations and governments are hard to separate, or where the cooperation is the main characteristic, Kramer (1990) developed the term 'state-corporate crime'. As he said, 'State-corporate crime is defined as an illegal or socially injurious social action that is the collective product of the interaction between a business corporation and a state agency engaged in a joint endeavour. These crimes involve the active participation of two or more organizations, at least one of which is private and one of which is public. They are the harmful result of an inter-organisational relationship between business and government.'

Aullette and Michalowski (1993) distinguish two types of state-corporate crime – state-initiated and state-facilitated – where the role of the state is the deciding factor. In the first case, corporations commit corporate crime commissioned by the government or with its explicit approval. Here, the government clearly has a supporting role, whereas in the second case the regulating and enforcing governmental agencies fail to prevent or restrict deviant corporate activities. In that way, generally shared interests that do not benefit from strict regulation can increase collusion (Kramer, Michalowski, & Kauzlarich, 2002, p. 271). Almost all cases of 'regular' corporate crime can be seen as state-facilitated because government agencies provide some sort of opportunity through, for instance, loopholes in regulation, lack of enforcement, collusion and corruption.

Many cases of corporations' involvement in international crimes can be characterized as state-corporate crime because of there being cooperated and shared interests. With the exception of crimes committed by private military contractors, the direction of the facilitation or initiation in these situations has, however, to be reversed. Police and security units, army units, dictatorial leaders and other governmental actors are usually the principal perpetrators of the gross human rights violations that constitute international crimes. Police officers shoot protesters, soldiers rape women, intelligence agencies use torture in interrogation, generals decide to bomb civilian targets and

presidents order ethnic cleansing. Corporations, however, can also have a facilitating or even initiating role. Such cases can be qualified as corporate-initiated or corporate-facilitated state crime because they are 'illegal or socially injurious actions of the state that are knowingly facilitated by the voluntary actions of a corporation through its pursuit of its shared goals of the state or its own economic or political interests' (Matthews, 2002, p. 119).

8. Holding Corporations Accountable

Given the relationships between corporations and governments described above, it is not surprising that no corporation has ever been criminally prosecuted for its involvement in international crimes or related crimes. However, there are instances where individual managers or entrepreneurs have been convicted: managers of the corporations that collaborated with the Nazis were sentenced at the Nuremberg Trials[50] and Frans van Anraat was sentenced for complicity in war crimes in Iraq,[51] while some executives of Elf have been convicted of bribing warring parties in Angola[52] and some Daewoo executives were sentenced for supplying arms to the Burmese junta.[53] Although the Tokyo Tribunal convicted two businessmen, Naoki and Okinori, their convictions were based on their conduct as government officials rather than on their commercial activities.[54] The same can be said about the *Musema* case at the International Criminal Tribunal for Rwanda.[55] In several other cases, indicted managers, such as Gus Kouwenhoven in the Netherlands[56] and Anvil Mining employees in Congo (Human Rights Watch, 2007), were acquitted. In the United States dozens of corporations have been sued for involvement in international crimes under the Alien Tort Claims Act.[57] Although US Courts have admitted such cases, none of these cases has resulted in a corporation being convicted. In the Talisman case, the Court ruled in favour of the company, stating that the 'plaintiffs have not established Talisman's purposeful complicity in human rights abuses',[58] while the cases against Shell and Unocal were settled.

---

50 The IG Farben Case: *United States v. Carl Krauch et al.*; The Krupp Case: *United States v. Alfred Krupp*; The Flick Case: *United Stated v. Friedrich Flick*, see Wright, 1949.

51 Dutch Supreme Court, 30 June 2009, Case No. BG4822. (English translation on http://ljn.rechtspraak.nl).

52 Tagliabue, J. 3 officials from Elf convicted of graft; Jail terms ordered; 33 others also found guilty in French trial. *International Herald Tribune*, 13 November 2003.

53 Kirk, D. Daewoo Leaders Get Prison Terms. *International Herald Tribune*, 25 July 2001 and Shwe gas movement (2007) *Activists Outraged At Lenient Sentencing Of Daewoo International Executives For Arms Export To Burma*, www.shwe.org.

54 Jakobsen, (2005, p. 196). For a more detailed account of the prosecutorial policy with regard to the members of the financial and industrial conglomerates for their support of the Japanese war economy, see Boister and Cryer (2008).

55 As director of a tea factory in Rwanda, Musema was convicted of acts of genocide committed by his employees who had used company trucks to set up roadblocks and kill Tutsis. The conviction was not directly related to Musema's business activities. *Prosecutor v. Musema*, Judgement (ICTR-96-13-T), Trial Chamber, 27 January 2000; *Prosecutor v. Musema*, Judgement (ICTR-96-13-A), Appeals Chamber, 16 November 2001.

56 Supra note 12.

57 See the website of the Business and Human Rights Resource Centre*:* www.business-humanrights.org for an overview of pending cases.

58 *Presbyterian Church of Sudan v. Talisman Energy Inc* (582 5F.3 244, 259), p. 2.

All in all, the results of legal action have been modest, given the probable prevalence and seriousness of corporate involvement in international crimes. In the following I will discuss the existing opportunities for holding corporations legally liable, as well as some other attempts to hold corporations accountable. I will also consider the effectiveness of these responses in the light of the cases of corporations' involvement in the international crimes discussed.

Legal Liability

Holding corporations legally liable for their involvement in international crimes involves answering some complicated questions. Are the human rights violations that were committed severe and systemic, such that they qualify as international crimes? Is there a causal link between the corporation's conduct or omissions and the international crimes? Can the corporation be held legally liable and, if so, under what legal system and at which court?

The first question is possibly the least complicated. The Statute of the International Criminal Court contains the formulations of several treaties and conventions in its three 'core crimes': crimes against humanity, war crimes and genocide. The recent report by the International Commission of Jurists (2008) on the criteria for assessing the complicity of corporations in human rights violations will probably help to answer the second question. The third question is the most complicated. In the following I will discuss several potential legal opportunities.

Corporations and International Criminal Law

According to classic doctrine, international law primarily concerns states and sometimes individuals, but not legal entities. This means that the jurisdiction of the International Criminal Court and international criminal tribunals does not extend to corporations. A corporation cannot, therefore, be indicted by the International Criminal Court, not even if it urges its employees to commit torture or participate in genocide. The final draft of the Statute of the International Criminal Court included the direct criminal liability of corporations, but this was taken out in the definitive version. Therefore the court's jurisdiction is restricted to natural persons. The chairman of the working group concerned stated that 'on the criminal responsibility of juridical persons, all delegations had recognized the great merits of the relevant proposal, but

some had felt that it would perhaps be premature to introduce that notion'.[59] Although political objections probably played a role, there are also some judicial-dogmatic objections to extending the International Criminal Court's jurisdiction to legal entities (Chiomenti, 2006: Stoitchkova, 2010). In spite of these objections, legal scholars in recent publications have declared themselves to be in favour of extending the jurisdiction of the International Criminal Court to include corporations (Kyriakakis, 2008; Van den Herik, 2009).

The UN Special Representative on Business and Human Rights, John Ruggie, stated that corporations increasingly function as an actor on the international level, with the accessory capacity to carry rights and duties under international law. [60] Ruggie finds that 'simple laws of probability alone suggest that corporations will be subject to increased liability for international crime in the future.'[61] This is not possible at the International Criminal Court and the special tribunals, although it would be possible to prosecute individual managers. On a number of occasions, ICC Prosecutor Moreno-Ocampo has announced that he plans to investigate entrepreneurs involved in funding violent conflicts in which international crimes have been committed. No such investigation has yet started, however, and the ICC prosecutor may find that his own Statute limits him in realizing his ambitions in this respect. The strict 'purpose-test' of Article 25(3)(c) would seem to constitute too high a threshold for prosecuting company officials (Huisman & Sliedregt, 2010).

Corporations and National Law

It is possible to prosecute corporations for involvement in international crimes under the national law of certain countries. There are two conditions: firstly, the criminal liability of legal persons has to be included in the national legislation, and secondly the international crimes defined in the ICC's Rome Statute have to be incorporated into the national criminal code. This combination exists in several countries, including the Netherlands (Ramasastry & Thompson, 2006). The only country that has used this construction to prosecute a corporation is Australia, where Anvil Mining was criminally investigated for its role in war crimes. It is remarkable that the first suspect to be investigated after international crimes had been incorporated into the Australian criminal code was a corporation. However, for reasons that remain unclear, this investigation was brought to a halt (McBeth, 2008).

59 Summary Records of the Meetings of the Committee as a Whole, United Nations Diplomatic Conference of Plenipotentiaries on the Establishment of an International Criminal Court, 26th meeting, p. 10, UN Doc.A/CONF.183/C.1/SR.26 (8 July 1998).

60 UN Human Rights Council, A/HRC/035, 19 February 2007 para. 20.

61 Ibid, para. 27.

Most of the judicial procedures instigated in the United States against corporations for their involvement in international crimes have been under the ATCA. The ATCA stems from 1989 and enables non-nationals to start a case in the US for a tort, including a violation of international laws, even if the accused is not a US citizen. Lawyers have rediscovered this law as a means of bringing cases against corporations for gross human rights violations. Dozens of cases have been started against corporations, including the case against Texaco for human rights violations in Ecuador, Coca-Cola in Colombia, Talisman in Sudan, Unocal in Burma, Shell in Nigeria, Exxon Mobil in Indonesia and Fresh Del Monte Produce in Guatemala (Shamir, 2004). Although none of these cases has yet resulted in a final decision, some see the ATCA as a potentially important tool for enforcing corporations' social responsibility for human rights. Whether this proves to be true remains, however, to be seen.

Effectiveness of Punishment

Before answering the question of whether the existing legal instruments for holding corporations accountable for their involvement in international crimes are sufficient, we first have to answer two more fundamental questions: Why would we want to hold corporations liable, and why would we want to punish them?

Normative and instrumental arguments can be invoked to answer these questions. An important normative argument can be found in the purpose of international criminal law: 'to end all impunity' (Stoichkova, 2010). This is an often forgotten, but nevertheless important, category of accomplices. Holding corporations liable can provide victims with a form of satisfaction in that guilty corporations get their 'just deserts'. Norms are also emphasized by the symbolic moral condemnation that results from a criminal conviction. While much corporate crime concerns the violation of economic rules and is dealt with in civil law, the involvement of corporations in the 'big evil' requires stronger moral condemnation. Jurisprudence makes a distinction between *mala quia prohibita* and *mala per se*, with the latter being exclusively dealt with in criminal law.

Should this condemnation be aimed at the corporations themselves, or should individual employees be held accountable? Although there are objections to holding corporations criminally liable – a legal person has 'No Soul to be damned, No Body to be Kicked'[62] – most criminal lawyers and criminologists nowadays accept the value of sentencing organizations. Firstly, organizations are seen as actors to which legal no-

62 An often used quote that has been attributed to Edward, First Baron Thurlow (1731-1806). See, for example, Coffee, 1981; Wells, 1993, p. 86; Dunford & Ridley, 1996.

tions of intent and culpability can be ascribed. Secondly, punishing individual members of the organization is not effective enough. The managers that started the criminal conduct may already have left the organization, while criminal conduct is also more likely to be the result of the commercial policies, corporate culture and standard procedures of the corporation than of the behaviour of specific individuals working for that corporation (Simpson, 2002).

Is there sufficient opportunity to criminally prosecute corporations for their involvement in international crimes under national law? A practical argument is that there are fewer alternatives to deal with corporate crime at an international level than at a national level. A normative argument is that these crimes are so serious that they are condemned by the international community as a whole, and punishment should therefore be at an international level.

The strongest instrumental argument can be found in the possible deterrent effect of criminal prosecution of corporations. If a corporation has to account for its conduct before a criminal court or even the International Criminal Court, the resulting moral stigma would cause damage to the reputation of the corporation and thus a loss of customers and investors for the corporation. This could have such a deterrent effect that the corporation would refrain from reoffending, while other corporations would also be warned about the consequences of such involvement. Furthermore, punishment, or the threat of punishment, could be a catalyst for change within corporations, and this in turn could improve compliance.

But does punishment really have this effect? And will punishment be more effective if a corporation is convicted by the International Criminal Court than if it is convicted by a national court? Does a conviction have a deterrent effect? Does it emphasize existing norms? And does it give relief to the victims of the crimes? These are the big questions that remain unanswered and under discussion. Little is known about the effects of international criminal law, the tribunals and the International Criminal Court as research in these areas started only recently.

There have been some studies into the effects of punishment on corporations. However, the results have not been conclusive. Considering the body of research, Simpson (2006) concludes that 'The evidence is far from conclusive regarding whether corporate violators should be criminally prosecuted or whether other justice systems (civil or administrative) produce higher levels of corporate compliance or if sanctions should be directed toward the company, responsible managers, or both … "Get tough on corporate crime" recommendations have relatively little empirical merit at this point in time, especially without consideration and research on how legal sanctions operate in conjunction with other social control mechanisms'. We can state that there are

normative arguments to hold corporations criminally liable for involvement in international crimes, but instrumentally we cannot say much about the effects of these on the nature and prevalence of the problem.

Reputational Sanctions

To the extent that sentencing corporations has a deterrent effect, this effect does not depend wholly on the level of the fines, but also on the reputational damage that can result from a criminal case. However, research on this topic is also not unequivocal. According to Van Erp (2007), a condition for reputational damage is that clients, shareholders, financers and other stakeholders take offence at the negative publicity about the corporation and consequently alter their behaviour by, for example, no longer buying the corporation's products or discontinuing their investments. Corporations are only sensitive to reputational damage if the market imposes such sanctions. Studies by Karpoff (2008) show that these market sanctions are not imposed in all cases of corporate misconduct. In cases of accounting fraud and other misconduct that harm stakeholders directly, costs to the corporation that result from reputational damage decrease the value of the corporation far more than costs resulting from legal sanctions. Other forms of corporate misconduct, such as environmental damage and bribery of foreign officials, do not usually lead to reputational damage. As long as the misconduct does not have a direct effect on their financial interests, clients, shareholders and financers do not seem to be bothered. Furthermore, Karpoff shows that the timing of reputational sanctions is not connected to legal sanctions: the market sanctions occur before the often lengthy legal procedures have come to an end.

What do stakeholders think of corporations' involvement in gross human rights violations? On the one hand, Karpoff's study suggests that they do not really care much about this issue. On the other hand, however, there are examples to suggest that they do. In the Brent Spar case involving a decision by Shell to sink a discarded oil platform, environmentalists managed to mobilize sufficient forces to create reputational sanctions in the form of consumer boycotts. Six weeks into the occupation of the oil platform, turnover at Shell gas stations in Germany had fallen by 50% (Grolin, 1999). According to Van Erp (2007), the Brent Spar lobby was such a success because the environmental movement succeeded in connecting Brent Spar with the general social norm of protecting the environment and making it into a symbol of irresponsible corporate behaviour. A similar market sanction could occur if the conduct of a corporation in a developing country were to be linked to a general social norm of protecting human rights.

The anti-apartheid movement also managed to organize a similar boycott against Shell because of its activities in South Africa. Some of the effects of this boycott can

be gathered from a leaked confidential report by Shell on the boycott. This report shows that Shell was most afraid of the activity of the churches because the faith community had the legitimacy and the power to guide moral attitudes and thereby the consumer behaviour of millions (Katzin, 1995, pp. 333-4). Churches could have a catalyzing effect and could work closely together with other movements such as unions, human rights organizations and academics. Shell's biggest fear was of a multi-sector, multidimensional support for the boycott, which would amplify its effect. The campaigns also had a considerable impact on the personal lives of Shell executives, on shareholder sentiment, employee awareness, consumer attitudes and the overall image of the corporation (Van den Berg, 1995, pp. 316-317). However this did not lead to a withdrawal from South Africa.

Nonetheless, the actions against Shell were noticed by other corporations: 'Decisions made by other companies to withdraw, or not to invest in South Africa and do no business there, were strongly influenced by the nature and scope of the pressure on Shell' (Van den Berg, 1995, p. 322). This example corresponds with the findings of Thornton, Gunningham, & Kagan (2005) that rather than having a deterrent effect on offending corporations, a sanction induces other corporations to improve compliance efforts.

A final example of a successful public campaign is the one against 'blood diamonds'. The considerable media attention generated by NGOs for these blood diamonds – there was even a Hollywood film made, *Blood Diamond* (2006), starring Leonardo DiCaprio – led to a UN embargo and the global self-regulation instrument of the Kimberley Process Certification Scheme.

Perhaps corporations that produce for consumer markets ('business to consumer') are more vulnerable to this type of action than corporations selling to other corporations ('business to business'), although mobilizing large groups of consumers can have a domino effect that frightens a whole chain of investors, suppliers and buyers. Furthermore, business-to-business corporations can also behave in a moral way. The Dutch pension fund PGGM withdrew a 54 million US dollar investment from the Chinese state-owned company PetroChina in protest against the activities of its parent in Sudan. PGGM has also considered doing the same in respect of the Indian oil and gas corporation ONGC (Ross, 2008).

The Alternative: Corporate Social Responsibility

The business lobby often advocates liberal governmental regulation of corporations' social responsibilities. The UN Special Representative on Business and Human Rights also emphasizes the importance of initiatives from the business sector. There is room,

however, for co-regulation, self-regulation and other instruments aimed at improving Corporate Social Responsibility (usually used abbreviated to 'CSR'), especially given the classic doctrine that international legal obligations only concern states and the fact that national regulation usually stops at the national borders. These 'soft law' declarations created by industries and collaborating organizations provide standards for assessing corporations' moral and social responsibilities.

There have been many initiatives over the years, including the Extractive Industries Transparency Initiative, which compels corporations active in the exploitation of natural resources to disclose their transactions with governments. The same sector has also worked with the energy sector, human rights organizations and the governments of the United States, the United Kingdom, Norway and The Netherlands to devise the Voluntary Principles on Security and Human Rights. The International Council on Mining and Metals has drawn up principles for sustainable development, while the previously mentioned Kimberley Process Certification Scheme seeks to establish the origins of diamonds. The cocoa industry meanwhile has the Harkin-Engel Protocol to prevent child labour in the production of cocoa. And the United Nations and some NGOs have founded Global Compact, which requires affiliated corporations to operate in accordance with the universal principles on human rights, to protect the environment and to counter corruption.

What is the value of these 'soft law' instruments in preventing corporate involvement in international crimes? These instruments can contribute to creating generally accepted social norms regarding the protection of human right by corporations. They call on corporations to provide transparency on the social effects of their activities and to raise awareness within their organizations. Critics point to the voluntary nature and the difficulties of enforcing these principles and standards (Macleod & Lewis, 2004). Those likely to be the worst offenders are not compelled to take part (Hayman, 2009), while increasing numbers of corporations affiliated to the UN Global Compact initiative do not comply with their reporting obligations. Around 400 corporations have been excluded from the initiative,[63] and there is a genuine risk of the initiative being misused as window-dressing. Global Compact has already had to take action against the abuse of its logo. In addition, human rights organizations have asked for Nestlé to be excluded from Global Compact because of its efforts to use its participation as a tactic diverting attention from human rights violations committed by the corporation.[64]

63 www.unglobalcompact.org
64 www.nestlecritics.org

Paradoxically, experience in the oil industry shows that CSR efforts can even have an adverse impact on human rights (Frynas, 2005). According to an accidentally leaked internal review report by Shell, 'The current expenditures on communities do not provide the company with a sustained LTO [*social License To Operate*, WH]. There is no evidence that spending more money will lead to less conflict in the Niger Delta. If anything, there is ample evidence to suggest that providing more money to communities may even exacerbate conflict. Most causes of company-community conflicts can be addressed not by doing more things, but doing things differently' (Shell, 2003a, p. 5).

9. Conclusions

My central assumption was that answering normative questions on the appropriate and desired legal or other measures against corporations' involvement in international crimes would require answers to empirical questions on the prevalence, nature and causes of this problem. This is a start in answering these questions. The prevalence has not yet been determined, but it is clear that the problem is more than incidental and that there is a continuum of indirect to very direct forms of involvement. The causes of the involvement are not radically different from the causes of other forms of corporate crime. However, they have to be seen from a perspective of the specific contexts in which corporations become involved in international crimes. Some sectors are more risk-prone than others, while the diverse and close relationships with governments that commit the international crimes are particularly noteworthy.

My aim was to conduct an initial exploration of the phenomenon of corporations becoming involved in perpetrating international crimes. This exploration has shown that many aspects are still unclear: the phenomenon is surrounded by ambiguities, as Brants comments (2007). Ambiguity and ambivalence characterize the diverse dimensions of the problem. Deviant behaviour is considered normal within the own group and seen as justified in the specific circumstances. The number of victims is high, and the harm caused is serious. Nevertheless, political objections and conflicts of interest prevent governmental action being taken against the crimes. Public opinion is also ambiguous: we do not want blood diamonds and avoid a Shell fuel station at times, but we do buy cell phones containing cobalt and coltan and so contribute to the armed conflict about Congo's natural resources. Lastly, there is the issue of legal ambiguity. Empirically we can conclude that corporations are involved in human rights violations, but this does not mean they can be held legally accountable. These ambiguities raise the question of whether this subject actually belongs to the area of criminology (because it is unclear whether there is criminality, in the legal sense), but at the same time the ambiguities are part of the explanation in that they allow for normalization and neutralization. It is these ambiguities that represent the intellectual challenges for further research.

In addition, this analysis shows that explanations of more conventional forms of corporate crime (committed directly by corporations, but usually less harmful) also apply to corporations' involvement in international crimes. Frustrated goal attainment, moral desensitizing, defective short-term cost and benefit analyses, defective standard operating procedures and outsourcing of risks contribute to accounting fraud, as well as to violations of human rights. It is not corporations' evil intentions that cause their

involvement in international crimes. Generally, it is commercial interests, not an intention to commit international crimes, that lie behind corporate involvement in international crimes. Even well-intended compensation of local communities can spark violent conflict, as in the case of Shell's CSR efforts in Nigeria. Easy neutralizations allow entrepreneurs and executives to focus only on their good intentions. This is not a comforting observation, and it would mean that Hannah Arendt's (1963) thesis on the banality of evil also applies to corporations. In other words, normal corporations can in extraordinary circumstances contribute to horrible crimes. Obviously this last hypothesis needs further testing.

The provided analysis has two limitations, both of which call for further research. Firstly, this exploration of corporate involvement in international crimes has been conducted by an outsider. The meanings I attached to the statements made by executives and representatives of the corporations, usually made in the context of accusations and legal procedures, are not without risk. An insider perspective is needed to gain better insight into why and how corporations become involved in gross human rights violations. What are their true motives, and how do these arise? How are the decisions that lead to involvement in international crimes made? How do the processes of socialization and normalization that enable these decisions work in reality?

Secondly, I only looked at corporations that have been accused of involvement in international crimes. I did not look at corporations that have not got into such situations. An important research question for the future, therefore, is what are the differences between corporations that do and corporations that do not get involved in international crimes? Answering these questions will, I hope, also lead us in the direction of measures that are more effective in preventing or ending the involvement of corporations in international crimes.

References

Arendt, H. (1963). *Eichmann in Jerusalem: A Report on the Banality of Evil.* London: Faber and Faber.

Aulette, J.R. & Michalowski, R. (1993). Fire in Hamlet: A Case Study of a State-Corporate Crime. In K. D. Tunnell (Ed.), *Political Crime in Contemporary America: A Critical Approach* (pp. 171-206). New York: Garland.

Avant, D.D. (2005). *The Market of Force: The Consequences of Privatizing Security.* Cambridge: Cambridge University Press.

Ballentine, K. (2007). Promoting Conflict-Sensitive Business in Fragile States: Redressing Skewed Incentives. In H. Brown, S. Pe a Moreno & S. Winkler (Eds.), *Trade, Aid and Security: An Agenda for Peace and Development.* London: Earthscan.

Ballentine, K. & Sherman, J. (Eds.) (2003). *The Political Economy of Armed Conflict: Beyond Greed and Grievance.* Boulder/London: Lynne Rienner Publishers.

Bantekas, I. (2006). Corruption as an International Crime and Crime against Humanity: An Outline of Supplementary Criminal Justice Policies. *Journal of International Criminal Justice, 4*(3), 466.

Benson, M.L. (1998). Denying the Guilty Mind: Accounting for Involvement in a White-Collar Crime. In S.E.W.E. Henry (Ed.), *The Criminology Theory Reader* (pp. 247-264). New York: New York University Press.

Black, E. (2001). *IBM and the Holocaust: The Strategic Alliance between Nazi Germany and America's Most Powerful Corporation.* New York: Crown.

Boekhout van Solinge, T. (2008). Eco-crime: The Tropical Timber Trade. In D. Siegel & H. Nelen (Eds.), *Organized Crime, Culture, markets and Policies* (pp. 97-112). New York: Springer.

Boister, N. & Cryer, R. (2008). *The Tokyo International Military Tribunal: A Reappraisal.* Oxford: Oxford University Press.

Box, S. (1983). *Power, Crime and Mystification.* London: Tavistock.

Braithwaite, J. (2009). Restorative Justice for Banks through Negative Licensing. *British Journal of Criminology, 49*, 439-450.

Brants, C.H. (2007). Gold Collar Crime. In G. Geis & H. Pontell (Eds.), *International Handbook of White Collar Crime* (pp. 309-326). New York: Springer.

Bucheli, M. (2005). *Bananas and Business. The United Fruit Company in Colombia, 1899-2000.* New York: New York University Press.

Chatterjee, P. & Thompson, A.C. (2008). *Private Contractors and Torture at Abu Graib.* Retrieved 17-08-2010, from http://www.corpwatch.org/article.php?id=10828.

Chiomenti, C. (2006). Corporations and the International Criminal Court. In O. de Schutter (Ed.), *Transnational Corporations and Human Rights (Studies in International Law).* Portland: Hart Publishing.

Christian Aid (2001). *The Scorched Earth: Oil and War in Sudan.* London: Christian Aid.
Coffee, J. (1980). No Soul to Damn, No Body to Kick: An Unscandalized Inquiry into the Problem of Corporate Punishment. *Michigan Law Review, 79*, 386-457.
Cohen, D.V. (1995). Ethics and Crime in Business Firms: Organizational Culture and the Impact of Anomie. *Advances in Criminological Theory, 6*, 183-206.
Coleman, J.W. (1987). Toward an Integrated Theory of White-Collar Crime. *American Journal of Sociology*, 406-439.
Coleman, J.W. (1995). Motivation and Opportunity: Understanding the Causes of White-Collar Crime. In G. Geis, R.F. Meier & L.M. Salinger (Eds.), *White-Collar Crime; Classis and Contemporary Views* (pp. 360-381). New York: The Free Press.
Cools, K. (2005). *Controle is goed, vertrouwen nog beter: over bestuurders en corporate governance.* Assen: Van Gorcum.
Dias, A. (2003). Oil and Human Rights. *Oil Gas and Energy Law Intelligence, 1*(2).
Dunford, L. & Ridley, A. (1996). No Soul to be Damned, No Body to be Kicked: Responsibility, Blame and Corporate Punishment. *International Journal of the Sociology of Law, 24*(1), 1-19.
First, R. (1973). The South Africa Connection: From Polaroid to Oppenheimer. *Issue: A Journal of opinion, 3*(2), 2-6.
Francois, M. & Sud, I. (2006). Promoting Stability and Development in Fragile and Failed States. *Development Policy Review, 42*(2), 141-160.
Frynas, J.G. (2005). The False Developmental Promise of Corporate Social Responsibility: Evidence from Multinational Oil Companies. *International Affairs, 81*(3), 581-598.
Frynas, J.G. & Wood, G. (2001). Oil and War in Angola. *Review of African Political Economy, 90*(28), 587-606.
Gagnon, G. & Ryle, J. (2001). *Report of an Investigation into Oil Development, Conflict and Displacement in Western Upper Nile, Sudan.* London/Toronto: Royal Institute of International Affairs.
Galliher, J.F. & Guess, J.F. (2009). Two Generations of Sutherland's White-Collar War Crime Data and Beyond. *Crime, Law and Social Change, 51*, 163-174.
Global Witness (2007a). *Hot Chocolate: How Cocoa Fuelled the Conflict in Côte d'Ivoire.* Washington DC: Global Witness Publishing.
Global Witness (2007b). *Kilwa Trial: A Denial of Justice.* London: Global Witness.
Gobert, J.J. & Punch, M. (2003). *Rethinking Corporate Crime*: Cambridge University Press.
Green, P. & Ward, T. (2004). *State Crime. Governments Violence and Corruption.* London: Pluto Press.
Grolin, J. (1999). Corporate Legitimacy in Risk Society: The Case of Brent Spar. *Business Strategy and the Environment, 7*(4), 213-222.

Gross, E. (1980). Organizational Structure and Organizational Crime. In G. Geis & E. Stotland (Eds.), *White-collar Crime: Theory and Research* (pp. 52-70). Beverly Hills: Sage.

Hanna, W.A. (1978). *Indonesian Banda: Colonialism and Its Aftermath in the Nutmeg Islands*. Philadelphia: Institute for the Study of Human Issues.

Harding, J. (1997). The Mercenary Business: 'Executive Outcomes'. *Review of African Political Economy, 24*(71), 87-97.

Harper, A, & Israel, M. (1999). *The Killing of the Fly: State-Corporate Victimization in Papua New Guinea*. Resource Management in Asia Pacific Seminar Series, working paper no. 22.

Hayes, P. (1987). *Industry and Ideology: I.G. Farben in the Nazi Era*. Cambridge: Cambridge University Press.

Hayman, G. (2009). Corruption and Bribery in the Extractive Industries. In Transparency International (Ed.), *Global Corruption Report 2009 Corruption and the Private Sector*. Cambridge: Cambridge University Press.

Hodges, T. (2001). *African Issues. Angola from Afro-Stalinism to Petro-diamond Capitalism*. Indiana: Indiana University Press.

Huisman, W. (2001). *Tussen winst en moraal. Achtergronden van regelnaleving en regelovertreding door ondernemingen*. Den Haag: Boom Juridische uitgevers.

Huisman, W. (2007). Naleving en overtreding van milieuregels door bedrijven. In M.J.C.L. Visser & A. de Lange (Eds.), *Milieustrafrecht. Onderzoek en aanbevelingen voor theorie en praktijk* (pp. 113-134). Den Haag: Boom Juridische uitgevers.

Huisman, W. & Beukelman, A.M. (2006). Influences on Compliance by Businesses. Insights from Scientific Research. In *Expertise Centre for the Administration of Justice and Law Enforcement, Enforcement and Behaviour*. Den Haag: Ministerie van Justitie.

Huisman, W. & Sliedregt, E. van (2010). Rogue Traders: Dutch Businessmen, International Crimes and Corporate Complicity. *Journal of International Criminal Justice, 8*(3).

Hulst, E. (2009). *A Case Study of Alleged Corporate Involvement in International Crimes, Committed in the Ituri District in D.R. Congo Concerning the Corporate Interest Gold*. Amsterdam: VU University (master thesis).

Human Rights Watch (2003). *Sudan, Oil and Human Rights*. Brussels/London/New York/Washington: Human Rights Watch.

Human Rights Watch (2005). *The Curse of Gold*. New York/Washington: Human Rights Watch.

Human Rights Watch (2007). Foreign Investment in Burma's Oil and Gas Sector: Selected Company Statements. Retrieved 17-08-2010 from: www.hrw.org/campaigns/burma/drilling/Burma_companystatements.pdf.

Husken, M. & Lensink, H. (2008). Oorlogsmisdaden aanpakken: kan Nederland het wel? *Vrij Nederland, 69*.

International Center for Transitional Justice (2008). *A Matter of Complicity? Exxon Mobil on Trial for Its Role in Human Rights Violations in Aceh.* New York: International Center for Transitional Justice.

International Commission of Jurists (2008). Report on Corporate Complicity in International Crimes (Electronic Version), I, II & III. Retrieved 17-08-2010 from http://www.icj.org/default.asp?nodeID=349&sessID=&langage=1&myPage=Legal_Documentation&id=22851.

International Council on Human Rights Policy (2009). *Corruption and Human Rights: Making the Connection.* Versoix: International Council on Human Rights Policy.

Jakobsen, C.R. (2005). Doing Business with the Devil: The Challenges of Prosecuting Corporate Officials Whose Business Transactions Facilitate War Crimes and Crimes against Humanity. *Air Force Law Review, 56*, 176-233.

Kaeb, C. (2008). Emerging Issues of Human Rights Responsibility in the Extractive and Manufacturing Industries: Patterns and Liability Risks. *Northwestern Journal of International Human rights, 6*(2).

Karpoff, J. M., Scott Lee, J. & Martin, G.S. (2008). The Consequences to Managers for Financial Misrepresentation. *Journal of Financial Economics, 88*, 193-215.

Karskens, A. (2006). *Geen cent spijt. De jacht op de oorlogsmisdadiger Frans van Anraat.* Amsterdam: J.M. Meulenhoff.

Katsh, G. (2000). Fueling Genocide: Talisman Energy and the Sudanese Slaughter. *Political Investments, 21*(10).

Katzin, D. (1995). Anatomy of a Boycott: The Royal Dutch/Shell Campaign in the US. In R. Hengeveld & J. Rodenburg (Eds.), *Embargo: Apartheid's Oil Secrets Revealed.* Amsterdam: Amsterdam University Press.

Klinghoffer, A.J. (1989). Oiling the Wheels of Apartheid: Exposing South Africa's Secret Oil Trade. Boulder (Colorado)/London: Lynne Rienner Publishers.

Knoers, S. (2009). *Why Corporations Take the Risk of Becoming an Accomplice in International Crimes.* Amsterdam: VU University (master thesis).

Kramer, R.C. (1990). *From White-Collar to State-Corporate Crime.* Paper presented at the North Central Sociological Association.

Kramer, R.C., Michalowski, R. & Kauzlarich, D. (2002). The Origins and Development of the Concept and Theory of State-Corporate Crime. *Crime & Delinquency, 48*(2), 263-282.

Kyriakakis, J. (2005) Freeport in West Papua: Bringing Corporations to Account for International Human Rights Abuses under Australian Criminal and Tort Law. *Monash University Law Review, 31*(1), 95-119.

Kyriakakis, J. (2007). Australian Prosecution of Corporations for International Crimes. *Journal of International Criminal Justice, 5*(4), 809-826.

Kyriakakis, J. (2008). Corporations and the International Criminal Court: The Complementarity Objection Stripped Bare. *Criminal Law Forum, 19*(1), 115-151.

Lambsdorff, J.G. (2002). Making Corrupt Deals: Contracting in the Shadow of the Law. *Journal of economic behavior & organization, 48*(3), 221-241.

Landgren, S. (1989). *Embargo Disimplemented: South Africa's Military Industry.* New York: Oxford University Press.

Le Billon, P. (2005). Aid in the Midst of Plenty: Oil Wealth, Misery and Advocacy in Angola. *Disasters, 29*(1), 1-25.

Le Billon, P. (2003). Buying Peace or Fuelling War: The Role of Corruption in Armed Conflicts. *Journal of International Development, 15*, 413-426.

Leape, J., Baskin, B. & Underhill, S. (1985). *Business in the Shadow of Apartheid: U.S. Firms in South Africa.* Massachusetts: Lexington Books.

Lenahan, S. (2006). Humanitarian and Security Challenges. *Northwestern University Journal of International Human Rights, 5*, 340.

Lindner, S.H. (2008). *Inside I.G. Farben: Hoechst During the Third Reich.* New York: Cambridge University Press.

Lingau, E. (2008). *The Abolition of Apartheid and Private Military Companies in South Africa.* Amsterdam: VU University (master thesis).

Macleod, S. & Lewis, D. (2004). Transnational Corporations. Power, Influence and Responsibility. *Global Social Policy, 4*, 77-98.

Maruna, S. & Copes, H. (2005). Excuses, Excuses: What Have We Learned from Five Decades of Neutralisation Research? *Crime and Justice, 32*, 1-100.

Matthews, R.A. (2002). Ordinary Business in Nazi Germany. In R.C.K.R.J. Michalowski (Ed.), *State-Corporate Crime. Wrongdoing at the Intersection of Business & Government.* New Brunswick: Rutgers University Press.

McBeth, A. (2008). Crushed by an Anvil: A Case Study on Responsibility for Human Rights in the Extractive Sector. *Yale Human Rights and Development Law Journal, 11*, 127-166.

McMillan, J. (2005). Promoting Transparency in Angola. *Journal of Democracy, 16*(3), 155-169.

Merton, R.K. (1968). *Social Theory and Social Structure.* New York: Free Press.

Morgan, E.J. (2007). The World Is Watching: Polaroid and South Africa. *Enterprise and Society, 7*(3).

Needleman, M.L. & Needleman, C. (1979). Organizational Crime: Two Models of Criminogenesis. *Sociological Quarterly, 20*(4), 517-528.

Nelken, D. (2002). White-Collar Crime. In M. Maguire, R. Morgan & R. Reiner (Eds.), *The Oxford Handbook of Criminology* (pp. 852-853). Oxford: Clarendon Press.

Nerys, J. (2000) The Campaign against British Bank Involvement in Apartheid South Africa. *African Affairs, 99*, 415-433.

Okonta, I. & Douglas, O. (2001). *Where Vultures Feast: Shell, Human Rights and Oil in the Niger Delta.* London/New York: Verso.

Oxfam (2002). *The Cocoa Market. A Background Study* (electronic version). Retrieved 22-06-2010, from http://www.maketradefair.com/en/assets/english/CocoaStudy.pdf.

Passas, N. (1990). Anomie and Corporate Deviance. *Contemporary Crises, 14*(2), 157-178.

Passas, N. (1999). Globalization, Criminogenic Asymmetries and Economic Crime. *European Journal of Law reform, 1*(4).

Prosansky, B. (2007). Mining Gold in a Conflict Zone: The Context, Ramifications and Lessons of AngloGold Ashanti's Activities in the Democratic Republic of the Congo. *Northwestern Journal of International Human rights, 5*(2), 236-274.

Punch, M. (1996). *Dirty Business. Exploring Corporate misconduct. Analysis and cases.* London: Sage Publications.

Ramasastry, A. & Thompson, R.C. (2006). *Commerce Crime and Conflict.* FAFO report no. 536.

Reno, W. (2009). Illicit Markets, Violence, Warlords, and Governance: West African Cases. *Crime, Law and Social Change, 52*(3), 313-322.

Resseler, R. (2009). *Corporations and International Crimes. Oil Industry in Angola.* Amsterdam: Vrije Universiteit.

Ross, M. (2006). A Closer Look at Oil, Diamonds, and Civil War. *Annual Review of Political Science 9*, 265-300.

Ross, M.L. (2004a). How Do Natural Resources Influence Civil War? Evidence from Thirteen Cases. *International Organization, 58*(01), 35-67.

Ross, M.L. (2004b). What Do We Know about Natural Resources and Civil War? *Journal of Peace Research, 41*(3), 337.

Ross, M.L. (2008). Blood Barrels: Why Oil Wealth Fuels Conflict. *Foreign Affairs, 87*, 2.

Rozencranz, A. & Louk, D. (2005). Doe v. Unocal: Holding Corporations Liable for Human Rights Abuses on Their Watch. *Chapham Law Review, 8*, 135-152.

Scahill, J. (2008). *Blackwater: The Rise of the World's Most Powerful Mercenary Army.* New York: Nation Books.

Schein, E.H. (1992). *Organizational Culture and Leadership: A Dynamic View* (2nd ed.). San Francisco: Jossey-Bass.

Shamir, R. (2004). Between Self-Regulation and the Alien Tort Claims Act. *Law & Society Review, 38*(4), 635-664.

Shaxon, N. (2007). *Poisoned Wells: The Dirty Politics of African Oil.* Basingstoke: Palgrave Macmillan.

Shell (2003a). *Peace and Security in the Niger Delta: Conflict Expert Group Baseline Report.* Retrieved 17-08-2010 from http://www.npr.org/documents/2005/aug/shell_wac_report.pdf.

Shell (2003b). *People and The Environment report.* Retrieved 17-08-2010 from http://www.climatelaw.org/cases/case-documents/nigeria/report/section4/doc4A.4.pdf.

Shover, N. & Hochstetler, A. (2002). Cultural Explanations and Organizational Crime. *Crime Law and Social Change, 37*(1), 1-18.
Siegel, D. (2009). *The Mazzel Ritual: Culture, Customs and Crime in the Diamond Trade.* New York: Springer.
Simpson, S.S. (2002). *Corporate Crime, Law and Social Control.* Cambridge: Cambridge University Press.
Simpson, S. (2006). Corporate Crime and Regulation. In H. Elffers, P. Verboon & W. Huisman (Eds.), *Managing and Maintaining Compliance* (pp. 62-80). The Hague: Boom Legal Publishers.
Simpson, S.S., Piquero, N.L. & Paternoster, R. (2002). Rationality and Corporate Offending Decisions. In A.R. Piquero & S. G. Tibbets (Eds.), *Rational Choice and Criminal Behavior: Recent Research and Future Challenges* (pp. 25-40). New York: Routledge.
Singer, P.W. (2002). Corporate Warriors: The Rise of the Privatized Military Industry and Its Ramifications for International Security. *International Security, 26*(3), 186-220.
Singer, P.W. (2005). Outsourcing War. *Foreign Affairs, 84.*
Slapper, G. & Tombs, S. (1999). *Corporate Crime.* Harlow: Longman.
Snider, L. (2000). The Sociology of Corporate Crime: An Obituary (Or: Whose Knowledge Claims Have Legs?) *Theoretical Criminology, 4*(2), 169-206.
South African Truth and Reconciliation Commission (1998). *Report.* Cape Town: Juta & Co. Ltd.
Stoichkova, D. (2010). *Towards Corporate Liability in International Criminal Law* (School of Human Rights Research Series Vol. 38). Utrecht: Intersentia.
Sykes, G.M. & Matza, D. (1957). Techniques of Neutralization. A Theory of Delinquency. *American Journal of Sociology,* 664–670.
Thornton, D., Gunningham, N.A. & Kagan, R.A. (2005). General Deterrence and Corporate Environmental Behavior. *Law & Policy, 27*(2), 262-288.
Traudes, H. (2008). *Exacerbating Conflict: The Power of Oil. Explaining the Involvement of Multinational Oil Companies in Human Rights Violations in Sudan.* Amsterdam: VU University (master thesis).
United Nations Human Rights Council (2008). 8th Session, Report of the Special Representative of the Secretary-General on the issue of human rights and transnational corporations and other business enterprises, Addendum 2: Corporations and human rights: a survey of the scope and patterns of alleged corporate-related human rights abuse (A/HRC/8/5/Add.2 2008).
Van den Berg, E.A.I.M. (Ed.) (1995). *De markt van misdaad en milieu. Deel 1.* Den Haag: WODC.
Van den Herik, L. (2009). The Difficulties of Exercising Extraterritorial Criminal Jurisdiction: The Acquittal of a Dutch Businessman for Crimes Committed in Liberia. *International Criminal Law Review, 9*(1), 211-226.

Van den Herik, L. & Letnar, C. (2010). Regulating Corporations under International Law: From Human Rights to International Criminal Law and Back Again. *Journal of International Criminal Justice, 8*(3), 725-743.

Van der Reijden, E. (2009). *Corporations and International Crimes. Chiquita and the AUC in Colombia.* Amsterdam: VU University.

Van Erp, J. (2007). De dreiging van negatieve publiciteit: is reputatieschade een alternatief voor handhaving? In F. Leeuw (Ed.), *Turven, tellen, toetsen, Over toezicht, inspectie, handhaving en evaluatie en hun maatschappelijke betekenis in Nederland* (pp. 79-91). Den Haag: Boom Juridische uitgevers.

Vandivier, K. (2002). Why Should my Conscience Bother Me? Hiding Aircraft Brake Hazards. In M.D. Ermann & R.J. Lundman (Eds.), *Corporate and Governmental Deviance.* New York: Oxford University Press.

Vaughan, D. (1996). *The Challenger Launch Decision. Risky technology, Culture and Deviance at NASA.* Chicago: University of Chicago Press.

Vaughan, D. (2007). Beyond Macro- and Micro-Levels of Analysis, Organizations and the Cultural Fix. In H. Pontell & G. Geis (Eds.), *International Handbook of White-Collar and Corporate Crime* (pp. 3-25). New York: Springer.

Ward, T. (2005). State Crime in the Heart of Darkness. *British Journal of Criminology, 45*(4), 434-445.

Welch, M. (2009). Fragmented Power and State-Corporate Killings: A Critique of Blackwater in Iraq. *Crime, Law and Social Change, 51*(3), 351-364.

Wells, C. (1993). *Corporations and Criminal Responsibility.* Oxford: Clarendon Press.

Wells, C. (1995). *Negotiating Tragedy: Law and Disasters.* London: Sweet and Maxwell.

Whyte, D. (2003). Lethal Regulation: State-Corporate Crime and the United Kingdom Government's New Mercenaries. *Journal of Law and Society, 30*(4), 575-600.

About the Author

Wim Huisman is professor of Criminology and chair of the Department of Criminal Law and Criminology of the VU University Amsterdam. Huisman is one of the initiators of Amsterdam Centre on the interdisciplinary research on International Crimes and security (ACIC). Huisman is also a member of the board of the Research school on Public Safety and Security (www.omv.nl) and editor of the Dutch *Journal of Criminology*. His main research interests and expertise lie in the field of organizational and corporate crime to which he takes a criminological (or interdisciplinary) as well as a legal approach. Huisman is trained as a lawyer and as a criminologist. His PhD-thesis – published in 2001 – combined insights from law, criminology and organizational sciences to explain differences in corporate compliance with environmental and safety regulations. Huisman has written numerous publications on organizational crime, compliance and regulatory enforcement. Recently, Huisman focuses on the complicity of corporations with gross human rights violations.